Master Lee's Thoughts on Martial Arts

이 사범의 무예 칼럼집

횡설수설(橫說竪說)

Also by Master Jung Kyu Lee

The Science of Tae Kwon Do
태권도의과학 *(in Korean)*
굼벵이사범의 좌충우돌 미국체험기 *(in Korean)*

Master Lee's Thoughts
on Martial Arts

이 사범의 무예 칼럼집
횡설수설(橫說竪說)

Master Jung Kyu Lee

We want to hear from you. Please send your comments about this book to us in care of masterjunglee@gmail.com.

Thank you.

Master Lee's Thoughts on Martial Arts
이 사범의 무예 칼럼집
횡설수설(橫說竪說)

ISBN-13: 978-1-944290-10-8

This book is dedicated
to the martial arts ancestors

and

to the hundreds of martial arts families
in the world.

CONTENTS

ACKNOWLEDGMENTS

I wish to thank my immediate and extended family for their energies and guidance in helping to bring this project to completion. I further wish to express my gratitude to all my martial arts associates, partners, and colleagues for their support, brotherhood, and sisterhood along this amazing journey.

And to everyone around the world
who believes in the infinite potential of life and spirit.

Preface 책을 펼치며

금선탈각, 언젠가 금빛 매미로 허물을 벗고 날아오를 날을 하염없이 기다렸지만 세월이 지나도록 아무 일도 생기지 않았다. 어느 날인가 문득 '난 태생부터 매미가 아닌 굼벵이였던 것이 아닐까?' 하는 의구심이 들었다.

그렇게 하염없이 기다리기만 한 세월이 아쉬워 틈틈히 썼던 글들이 모여 책이 되었고 그 책들이 인연이 되어 한국의 월간지 [좋은 생각]과 웹 미디어 무카스(mookas.com)에 칼럼요청을 받았다. 나와 같은 무예의 길을 걷는 이들, 거리가 멀어 아직 만나보지 못한 이들을 향해 두서없이 썼던 글들을 모아 스스로 그 우치함을 알면서도 책으로 엮어 본다. 모래 위를 기어간 굼벵이의 자국처럼 굼뜬 사고의 자국들이지만 행여 건질만한 것이 있으시면 건져 가시길 바라면서 말이다.

2016년 겨울

1. 도(道)와 술(術) The Way and Technique

소위 물리학을 공부했고 <태권도의 과학>이라는 책을 썼다는 내가
정작 소싯적부터 관심을 가져온 것은 신비한 '도술'에 관한
이야기들이었다. 만약 전설로 전해지는 축지, 장풍, 공중부양 등의
초능력을 얻어 하늘을 나르고 바위를 쪼개며 호풍환우(呼風喚雨)하는
능력들을 갖춘다면 천하의 영웅으로 이름을 날릴 수 있을 테니 말이다.

공중부양(空中浮揚, Levitation)

혈기 방장했던 청년시절 한 기인을 만났었다. 산발한 머리에 행색은 남루하기 짝이 없었는데 번뜩이는 안광이며 사통팔달 이어지는 학식이 대단했다. 농번기엔 흙을 파다가 한가한 철 세상구경을 나온다고 했다. 아무튼 예사로 허튼 소리를 할 사람은 아닌 듯싶었다.

밤이 맞도록 대화가 깊어지자 문득, "무예를 했다니 하나 묻겠는데 공중부양이라고 들어 본적 있소? 난 보고도 못 믿겠던데?"라며 말을 꺼냈다. 그 분의 죽마고우 하나가 조부께 어릴 적부터 단전호흡을 배웠는데 하루는 공중부양을 보여주겠다며 좌선에 들더니 천천히 떠올라 자기 머리 위를 지나 반대편에 내려앉더란다. 이걸 어떻게 해석해야 하냐고?

선배 관장님 한 분은 중국무예와 태권도 수련에 평생을 바친 분이시다. 그분이 산중 토굴에 앉아 다른 분과 참선을 하고 있을 때였다고 한다. 문득 옆자리가 허전한 감이 들어 눈을 떠 보니 옆 사람이 머리 위에 떠 있더란다. 한참을 올려보다가 "거, 공중에 떠 계시네요?"라고 묻자 "제가요?" 하며 천천히 내려와 앉더라고. 붕 뜨는 기분은 들었지만 정말 공중부양을 했는지 본인은 몰랐다고 했다.

세계적인 선승(禪僧)이자 세계 4대 생불 중 하나로 유명했던 한국의 숭산 스님도 불법의 가르침을 의심하는 예일대 학생들을 깨우쳐주기 위해 방안에 앉아있는 그들을 공중에 띄워 올렸다는 일화가 있다. 그런 그가 공중부양을 설명한 적이 있었다. '땅은 양기를 띄고 있어 내 몸을 양기로 가득 채우면 극성이 같은 자석끼리 서로를 밀어내듯 밀어 올리는 현상일 뿐.'이라고.

우혈 선생님과 찻잔

나에게 기(氣)수련을 가르쳐주신 우혈 선생님이라고 계신다. 팔순을 바라보시는 연세에도 반듯하신 몸매에 발차기의 스피드, 파워 그리고 유연성 등이 20대 청년이 도저히 따라갈 수 없을 경지를 유지하고 계신 분이다.

한 번은 행공(行功)을 마치고 막 끓인 차를 단아한 찻잔에 따라 주셨다. 잔을 들려다가 너무 뜨거워 얼른 내려놓았다. 그런데도 선생님은 아무렇지 않게 잔을 들고 천천히 차를 드셨다. "왜 차를 들지 않는가?" "너무 뜨겁습니다." 그러자 이렇게 반문하셨다. "자넨 아직 손에 기운을 보내 찻잔의 열기를 밀어 내줄 모르는구먼?"

선생님이 미국을 방문 하셨을 때 한 피트니스 센터에서 있었던 일이다. 근육질의 덩치들이 무거운 역기들을 들며 운동을 하더란다. 하얀 수염이 가슴까지 내려온 동양 할아버지가 한 미국 사내에게 다가가 다리로 밀어드는 역기를 최대한 많이, 그것도 세 번에 걸쳐 들어 보라고 하셨다. 그가 세 번에 걸쳐 도합 50번을 들어 올리자 우혈 선생님이 그 자리에 앉아 한 번에 100번을 들고 내려오셨다. 다들 눈이 휘둥그레 질 수밖에.

선생님은 가끔 제자들과 새끼손가락만으로 연이어 팔씨름을 하시곤 하셨는데 아무도 이긴 사람은 없었다. 단전의 기운을 돌려 몸을 쓰는 경지가 대단하시기 때문이다. 한번은 선생님께 기이한 능력을 많이 보인 것으로 유명했던 국선도의 조사인 청운거사에 대해 여쭈었다. "혹시 청운거사를 아십니까?" 대답이 재밌었다. "청운(青雲)이? 잘 알지, 우리 아랫집 살았어!"

그리고는 "청운이가 한참 활동하던 독재군부 시절, 사회적으로

영향력이 커지자 당시 악명 높던 중앙정보부에 강제 연행됐던 적이
있었지……" 아무 죄목도 없이 잡혀가 수갑이 채워진 채 취조실에서
마구잡이를 당했다고 한다. "당신이 정말 그런 대단한 힘이 있냐?
있으면 당장 보여 봐라!" 취조관이 윽박지르자 그 자리에서 단박에
수갑을 끊어내 버렸다고.

속보(速步)

돌아가신 나의 외조부께선 백두산에서 나무꾼으로 자라셨는데 호랑이 등에도 타보셨다는 분이다. 그게 어찌 가능한가 여쭈었더니 호랑이는 영물이라 함부로 사람을 해치지 않는다고 하셨다.

여든이 넘으셨던 외조부님과 함께 산에 올랐을 때였다. 스무 살 청년이었던 내가 먼저 힘차게 산길을 뛰어 올랐다. 외조부께선 평생 궂은일로 90도로 꺾여버린 허리에 지팡이를 짚고 또박 또박 잔걸음으로 뒤따라 오셨다. 처음엔 내가 한참을 앞섰는데 얼마쯤 지나자 거친 숨을 몰아쉬는 내 곁을 숨 하나 흩으시지 않고 지나셨다.

그 뒤로부턴 아무리 기를 써도 앞서 가시는 외조부를 따라잡을 수가 없었다. 마치 에스컬레이터를 탄 것처럼 조르륵 미끄러져 올라가시는데 마치 산위에서 누군가 보이지 않는 줄로 묶고 당겨주는 것처럼 보일 정도였다.

저 만치 먼저 올라가셔서 나를 기다리시다가 숨을 헐떡이는 내가 도착하면 일어서 다시 가셨는데 정상에 도착하기까지 몇 번이나 나를 기다려 주셔야만 했다. 평지에선 몰랐는데 산에만 들어서면 외조부를 도저히 당해낼 수가 없었다. 그럴 때 보면 행색이며 말투까지 영낙없이 영화 스타워즈 속의 요다 같았다.

백두산 시절 발 빠른 백두산 나뭇꾼들이 멀리 있는 도시로 장을 보러가면 이틀 먼저 출발해도 반나절이면 따라잡아 사람들을 놀래 켰다고 할 정도로 속보(速步)로 유명한 분이셨고 일제 강점기엔 눈 덮인 만주벌판을 발로 오가며 중국과 러시아까지 비단 장사를 다니셨던 분이다.

그런 외조부께서 여든 중반에도 매일 아침 굽은 허리로 지팡이에 의지한 채 호미 하나 들고 집을 나서셨다가 해가 지면 배추나 무 한 두 뿌리를 들고 오셨는데 어디 다녀오시냐고 여쭈면 전에 살던 동네에 두고 온 텃밭을 일구고 오셨다고 하셨다. 문제는 20대 청년인 나로서도 걸어서 하루에 다녀올 엄두가 안 나는 거리였다는 점이다. 차를 탄 것도 아니고 도저히 허리 굽은 노인이 지팡이 짚고 가서 일까지 보고 오신다는 것을 믿을 수가 없었다. 외조부께서는 먼길을 가실 때 항상 산을 타고 다니셨는데 어떤 산이든 척 보면 산의 맥이 보이고 그 맥을 짚고 타고가면 쉽고 빠르게 다닐 수 있다고 하셨다.

게다가 그 혼잡한 서울 한복판서 택시라도 잡아 타시면 사극에서나 등장할 법한 옛 함경도 사투리로 길을 훈수하시곤 하셨다. "기사 양반, 이 길로 가면 안 돼. 길 막혔어!" "걱정 마십쇼 어르신, 길은 제가 잘 압니다."하고 가면 어김없이 공사 중이나 사고로 길이 막혀 있기 일수였다. 깜짝 놀란 운전기사가 어떻게 아셨냐고 여쭈면 "그냥 보면 안다!"가 돌아오는 답이었다. 추측컨데 오랜 세월 산을 타고, 들을 건너시며 지세(地勢)를 읽는 특별한 안목을 익히신 것이 아닌가 싶었다.

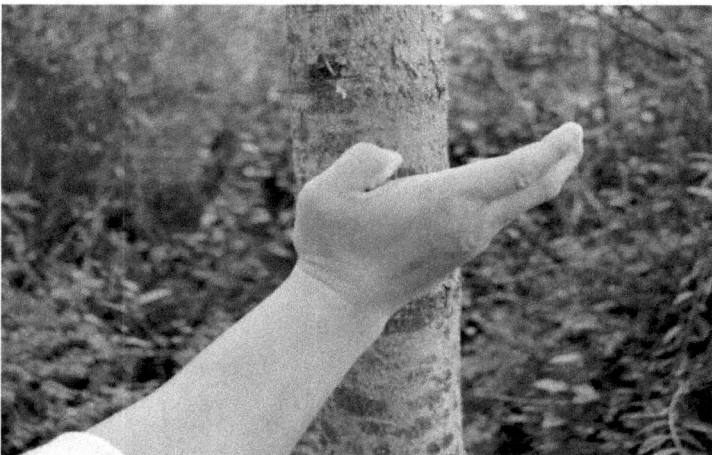

2. 신화와 전설 사이 Between Myth and Legend

딱딱하고 사실적인 수학문제보다는 상상력이 풍부하게 가미된 판타지 영화가 더 재미있듯이 무예수련도 마찬가지다. 열심히 단련해 봐야 고작 갈 수 있는 경지가 뻔한 수련보다 심후한 내공을 갖추어 초인적인 능력을 갖출 수 있다는 수련에 구미가 더 당기기 마련이다.

혈기왕성한 무인(武人)들 중엔 피 끓는 기운을 주체 못해 미친 듯이 수련에 매달리다가 산으로 숨어드는 경우가 더러 있었다. 혹한의 수련 속에서라도 인간의 한계를 뛰어 넘는 고수가 되고 싶은 까닭이다.

하지만 산에서 아무리 나무를 치고 바위를 넘어본들 생채기만 늘어날 뿐 바라던 은둔고수의 경지에 이르지 못하는 경우가 부지기수다. 이때가 되면 누구나 육체의 한계를 극복할 새로운 길을 찾게 된다. 즉, 몸이라는 단계에서 정신이라는 단계로 방향을 전환한다. 육체는 한계가 있지만 정신의 경계는 무한하기 때문이다.

이렇게 방향을 틀고 가다 보면 몸과 마음을 닦아 인간이 도달할 수 있다는 최상의 경지와 도를 득하고 나면 얻는다는 초능력 도술(道術)들에 대해 듣게 된다. 그렇다면 이 초능력들의 실체는 무엇인가? 산중 어딘가에 아직도 자취가 남아 면면히 맥을 이어오고 있는 무예의 비기(秘技)인가? 아니면 그저 전설 속의 허구인가? 만약 그런 능력들이 실재한다면 어떠한 수련을 거쳐야 그런 신비한 경지에 오를 수 있는 것일까?

우리가 수련하는 무예는 병법 중 하나다. 병법에는 대규모 군사를 움직이는 병법이 있는가 하면 태권도, 유도, 합기도, 가라테, 검도 같이 단병접전에 쓰이는 기술도 병법이다. 어쨌거나 병법에 있어 근본은 속임수다. 구덩이를 파서 적을 유인하며 어둠을 틈타 뒤통수를 치고 자신의 약점은 감추고 상대의 급소는 찾아 의표를 찔러 기습한다. 승리를 위해선 허장성세(虛張聲勢:실속은 없으면서 허세만 떠벌림), 성동격서(聲東擊西:동쪽에 요란한 소리를 내고 서쪽을 들이침), 상취하타(上吹下打: 위를 현혹하고 아래를 침)등이 중요한 기술로 인정받는다.

하지만 만약 하늘을 나르고 바위를 쪼개며 허공에 칼을 날리는 수법을 익힌다면 이 따위 속임수는 필요치 않을 것이다. 이것이 전설에 등장하는 도술에 대한 호기심을 자극하는 이유다.

굳이 무예의 고수를 꿈꾸는 사람이 아닐지라도 현대사회에선 누구나 초능력에 대해 어느 정도 환상을 품고 살아가고 있는 것 같다. 슈퍼맨, 스파이더맨, 원더우먼, 엑스 맨, 헐크 등등 가공할 초능력을 발휘하는 슈퍼 히어로들이 악당들의 손아귀에서 지구를 구해내는 할리우드 SF 액션영화들이 철마다 극장가를 휩쓸고 있질 않는가?

이제부터 제시하는 장풍, 의공(義功), 어검술(御劍術), 투시(透視)등의 도술들은 우연한 기회에 만난 선배 무인들의 체험담들을 정리해 본 것이다.

장풍(掌風)

평생을 무예수련에 미쳐 살던 선배 관장님 한 분이 한 노스님의 장풍을 우연히 보고 놀라 세상을 등지고 무작정 산으로 쫓아 들어갔을 때였다. 도승(道僧)으로 유명했던 노스님이 거하신 암자는 우리나라에서 해발고도로 가장 높은 곳에 위치해 있으며 삼국시대부터 내려왔다는 유서 깊은 암자다. 그래서 그 가치가 매우 높은 문화유적지다. 그런데 불가에서도 속세와 마찬가지로 이런 곳을 차지하려는 알력과 암투가 비일비재하게 일어나고 있었다.

하루는 이 암자를 차지하고픈 이들이 고용한 깡패 중 하나가 찾아왔다. 노스님과 일대일로 싸워서 이기면 암자를 접수하겠다고 막무가내로 시비를 걸었다고 한다. 그런데 아무리 시비를 걸어도 받아주질 않자 산 아래 동네에 내려가 대낮부터 술을 퍼 마시곤 발가벗고 춤을 추며 '난 저 산 암자에 있는 중이다!'라고 소리쳤단다. 성난 마을 사람들이 노스님을 찾아가 항의하는 바람에 할 수 없이 깡패 중을 불러 들였다고 한다.

"좋다, 네 말대로 싸워 주마, 대신 지면 꼼짝 말고 내 밑에서 1년간 수행을 해야 한다!"는 조건을 걸고 암자 마당에 두 사람이 마주 섰다. 깡패 중은 팔소매 밑에 쇠로 된 피리를 묶고 다녔는데 이것이 그의 무기였다. 나중에 보니 그 끝으로 소나무를 찍으면 "파바팍!"하며 눈 깜짝 할 사이에 인중, 명치, 낭심 높이에 한 치 깊이로 피리가 박히는 치명적인 기법의 소유자였다. 그동안 그 피리에 상한 사람이 한 둘이 아니었다고 했다.

쇠 피리를 빼들고 공격 자세를 취한 깡패 중을 향해 노스님이 검지와 중지를 붙여 손가락을 뻗자 손에서 피리가 날아가 떨어졌다. 장풍이었다. "졌지?"하고 묻자 익히 소문 들어 알던 터라 놀라기는커녕, "지긴 누가 지냐? 피리를 놓쳤을 뿐 아직 시작도 안했다."며 우겼단다.

그러자 이번엔 장(掌)을 들어 장풍을 쏘자 달려들던 깡패중이 자빠져 버렸다. "졌지?" 그러자 "혼자 미끄러진 거다. 인정할 수 없다!"며 또 우기더란다. 이에 화가 난 노스님이 "저런 놈은 혼이 나야 한다."며 다시 장풍을 날리자 깡패 중은 "억!" 소리 한 마디에 입에서 피를 토하며 쓰러졌다. 한참 만에 의식이 돌아온 깡패중이 무릎 꿇고 한 번만 용서해 달라고 빌었지만 때는 이미 늦었다. 그 뒤로 암자에 잡혀 선배 관장님 옆에 나란히 앉아 꼼짝도 못하고 일 년을 원치도 않은 수행을 했다고 한다.

삼성둔영보법(參星屯營步法)

이 노스님은 어려서 절에 맡겨졌는데 그 분의 조부께선 택견의 대가(大家)셨다고 한다. 가끔씩 절에 들리셔서 택견을 가르치셨지만 어린 소견에 부모없이 절간에 버려진 것도 서러운데 무예는 배워 뭣하나 싶어 반항을 했단다. 그때마다 조부께서 곰방대로 머리통을 내리치시니 팔소매 밑에 대나무 조각을 잘라 숨겨넣고 막으면서까지 안   배우겠다고   발버둥을   치다   마지못해   배운   것이 '삼성둔영보법(參星屯營步法)'까지였다고 했다.

삼성둔영보법이란 공중에 뛰어 올라 허공을 세 번 밟고 상대를 차는 허공답보(虛空踏步)의 한 기법인데 이 때 세 걸음은 단순히 위로 뛰어오르는 걸음이 아니라 공중에서 허공을 밟고 방향을 바꿔 뛸 수 있다는 것이다.

구한말(舊韓末)   외세에   의해   세상이   뒤집히는   것을   염려한 애국지사들이   한   민가에서   극비리에   회동을   하다   발각되어 관군들에게 포위를 당했던 적이 있다. 포도대장이 투항할 것을 명하자 사람들이 갑자기 문을 박차고 나와 사방으로 뛰었는데 그 중 한 사람은 공중으로 뛰어올라 말위에 앉아 있던 포도대장의 얼굴을 발로 차 떨어뜨리곤 그 말을 빼앗아 타고 사라졌고 나머지 사람들 역시 번개처럼 군사들의 포위를 뚫고 사라져 한 명도 체포하지 못했다고 한다.   이   때   사용된   기술도   삼성둔영보법이었다.   하지만 '삼성둔영보법'이   택견의   최고   수는   아니고 '칠성둔영보법(七星屯營步法)'   최고이며   조부님은   그   경지에 이르셨다고 했다.

선배 관장님은 평생 무술 수련에 매진한 분이니 당연히 배우고픈 욕심에 삼성둔영보법을 익히려면 얼마나 걸리느냐고 여쭙자 3년을 지성으로 수행한 바가 있으니 3년만 더 공을 들이면 된다고 하셨단다. 하지만 선배 관장님은 부인과 어린 딸을 버리고 산중에 들어와 3년을 버텨 이미 최후 이혼통첩장을 받은 상태였다. 지금까지 죽을 고생한 것도 모자라 다시 3년 수행이라니 엄두가 안나 그만 하산하셨다고 했다.

일양지(一陽指)

소림권법에 일양지라는 기법이 있다. 한 손가락 끝에 공력을 모아 물구나무서기를 한다. 손가락의 공력이 그 정도니 가히 살을 뚫고 근육을 찢을 수 있다. 선배 관장님이 노스님께 여쭈었다고 한다. "일양지가 가능합니까?" "그럼!"하고 대답을 하시더란다.

"에이~, 사람이 어떻게 한 손가락으로 물구나무를 섭니까? 말씀도 참......." 그러자 "이놈이?" 하시더니 자리에서 일어나 한 손으로 방바닥을 짚고 물구나무를 서셨단다. 그리고는 "이~압!"하고 기합을 넣으면서 손바닥으로 바닥을 튕겨 밀고 올라서 검지 손끝만으로 물구나무를 섰다고 했다. 그 모습에 한 동안 입을 다물지 못하자 "봤지?"하며 다시 몸을 내려 자리에 앉으시더라고.

의공(意功)

한 제자가 노스님의 금주령을 어기고 술을 먹고 낮잠까지 자다 걸렸는데 불호령 떨어질 것이 무서워 술을 마신 적이 없다고 거짓말을 했단다. "저 놈이 감히 스승을 속이려들다니 머리통이 깨져야 정신을 차릴 놈이구나!"하며 고함을 치시자 노스님 눈에서 파란 불빛이 번쩍 튀더니 제자 혼자서 머리통을 땅에 "꽝! 꽝! 꽝!" 박고 쓰러졌다. 나중에 선배관장님이 어찌된 영문이냐고 슬쩍 물으니 누군가 뒤통수를 잡고 땅에 쳐 박는데 머리가 깨질듯이 아파도 어찌할 도리가 없더라고 했단다.

하루는 선배 관장님께 노스님이 물으시더란다. "너희 무술한 놈들은 왜 그렇게 코피 터지게 싸우느냐? 지저분하게." "네? 그럼 어떻게 싸웁니까?" 대답이 의외였다. "코 밑으로 들어가는 숨을 잡으면 되지!" 코로 공기가 딸려 들어가지 못하게 숨을 잡아 버리는 기법이었다. 갑자기 숨이 막히면 아무리 천하장사라도 맥없이 쓰러져 기절을 한다. 이런 기법들을 일러 의공(意功)이라 한다. 의념(意念)의 힘만으로 상대를 다루는 방법이다.

도술은 실재하는가?

약간의 과학상식만 있으면 누구나 가능한 '트릭'들을 마치 엄청난 수련을 통해 얻은 초능력처럼 부풀려 시연하는 사람들도 있다. 예를 들어 전속력으로 질주하려는 500마력의 슈퍼카를 팔로 붙들고 못 가게 하는 사람이 있는데 이것이 가능한 일인가?

우리가 아는 물리법칙은 이 우주 안 누구에게나 공평하게 적용된다. 아무리 힘이 세도 물리적으로 물건을 잡아끄는 힘은 <자신의 무게 + 지면과 발이 갖는 최대정지마찰력> 이상은 만들어 낼 수가 없다. 그래서 아무리 힘이 센 사람이라 해도 땅에 홈을 파서 발을 걸지 않는 한 자기보다 무거운 물체를 당기면 자기가 도리어 그 물체 쪽으로 끌려가게 된다. 그러니 실제로는 이 사람은 그 차를 끌 수 없어야 맞다.

정지 상태에서 순간적으로 속도를 높인 슈퍼카가 처음에는 너무 빠른 바퀴의 회전 탓에 지면과의 충분한 마찰력을 얻지 못해 희뿌연 연기를 내며 바퀴가 헛돌다 튀어 나가는 것을 본 적이 있을 것이다. 즉, 차가 지면과의 충분한 마찰력을 얻기 전까지 잠깐만 잡고 있을 수 있는 것이다.

만약 차가 정지 상태에서 천천히 속도를 높인다면 슈퍼카가 아니라 작은 용달차에도 사람은 보기 좋게 끌려가고 말 것이다. 마술쇼가 아무리 신기해도 트릭인 것처럼 눈으로 보았다고 다 사실은 아니다.

무술을 소재로 한 액션무협영화들이 상영될 때마다 초절정 고수들이 등장한다. 가끔 수련생들이 이런 영화들을 보고 와서 '사범님도 저렇게 날 수 있느냐? 얼마나 배우면 저런 것이 가능하냐?'며 질문을 하기도 한다. 그럴 땐 당황스럽다. 그런 초능력은 영화 속의 허구일 뿐 무예에는 존재하지 않는 가짜라고 대답해야하는가? 아니면 수련에 매진하다보면 언젠가 그런 경지에 오른다고 해야 하는가?

앞서 서술한 이야기들도 어떤 이에게는 흥미진진할 것이고 어떤 이에게는 허무맹랑하게 들릴지도 모르겠다. 하지만 이런 이야기를 전하시는 분들의 무예실력이나 그 진정성을 통해 보건데 이것이 꼭 과장되거나 허구만은 아닐 것이라는 확신이 들곤 했다.

사실 인간이 상상하는 모든 일들은 이 우주 안에서 발생할 수 있다고 한다. 그 확률이 매우 낮아 직접 눈으로 보기가 어려울 뿐 불가능하지만은 않다는 것이 양자역학이나 상대성이론이 우리에게 가르쳐 주는 바이다. 시간을 거슬러 올라가는 시간여행이나 물체의 순간이동처럼 불가능해 보이는 일도 아직 우리의 기술이 미치지 못하였을 뿐 이론적으로는 얼마든지 가능한 일이라고 하지 않는가? 그러니 나에게 이런 일이 진짜 있느냐 없느냐를 묻는다면 있다에 한 표를 던지고 싶다.

3. 태극권의 내공(內攻) The Power of Tai Chi

중국 권법 중 최고를 하나 꼽으라면 당연 내가권(內家拳)의 대표인 태극권이 빠지지 않을 것이다. 중국은 공산혁명 당시 지주들과 지방 호족세력들이었던 무인 집단을 대거 숙청함으로써 그 세력을 약화시켰다.

중국이 지금처럼 개방되기 전 죽(竹)의 장막으로 가려진 중국본토를 대만의 무술단체가 어렵게 찾아 간 적이 있었는데 특별히 진가 태극권을 보고 싶다는 요청을 공산당에 했다고 한다. 공산당이 태극권의 정통으로 알려진 진가구(陳家溝)의 장손을 찾아 시연해 보이라고 명령했지만 이미 노인이 된 장손은 밀농사를 짓고 있었고 공산혁명 때 부모와 조부들이 다 희생되어 자신은 태극권을 배운 바가 없다고 극구 거절하더란다.

그러나 억지 성화에 못 이겨 딱 한 번을 약속받고 시연을 했는데 이 장면을 본 대만 무술인들이 찍소리 한 번 못하고 혀를 내 둘렀다고 했다. 이 소식을 들은 한국의 한 무예가가 호기심에 못 이겨 중국으로 무작정 날아가 진가구의 장손을 찾아가 한 수만 보여 달라고 매달렸단다. '모른다. 안 된다.'로 일관하던 장손도 한 달을 끈질기게 매달리니 지쳤는지 '정말 한 수만 보여주면 한국으로 돌아가겠다!'는 그의 말에 다짐을 받고 한밤중 그가 머물던 호텔 옆 골목길로 그를 불러내었다고 한다. 그리고는 어두운 골목에서 서서 장(掌)으로 호텔 벽을 치자 그 큰 호텔건물 전체가 흔들렸고 그 광경에 입이 턱 벌어진 사람에게 이제 봤으니 돌아가란 말을 하곤 사라졌다고. 말로만 듣던 태극권의 비급(秘笈)이었다.

어검술(馭劍術)

미국서 만난 인품 좋으신 한 선배 관장님은 어려서부터 전통무술, 단전호흡, 기공수련 등에 심취하다 보니 어느 순간부터 이런 저런 도술들이 생겼다고 했다. 다른 사람의 마음을 읽거나 의도적으로 그 사람의 생각을 조종하기도 하고, 멀리의 일들을 실시간으로 보는 천리안도 받았다고 한다.

많은 사람들이 그분의 신기한 초능력에 놀라 따랐지만 그 능력들이 마냥 좋기만 한 것이 아니었다. 간이 아픈 사람이 곁에 오면 자신의 간이 아파 견딜 수가 없었고 신장이 안 좋은 사람이 오면 자신의 신장이 아파 고생을 했다는 것이다. 그래서 "당신 간이 나쁘지 않소?, 신장에 문제가 있지 않소?" 하면 다들 놀라더란다. 상대의 기운을 몸으로 읽은 것이다.

그분의 여러 도술 중 가장 나의 관심을 끈 것은 단연 '어검술(御劍術)'이었다. 염력(念力)만으로 허공에 칼을 날린다는 기법. 하루는 이분의 재주를 말로만 듣던 이가 찾아와 사기 치지 말고 그런 능력이 있으면 당장 보여 보라고 다짜고짜 대들더란다.

"보고도 후회하지 않을 자신 있소?"하고 묻자 코웃음을 치는데 갑자기 벽에 걸려 있던 검집에서 검이 빠져나와 허공을 가로질러 목 밑으로 날아들었다. 날선 검이 공중에 뜬 채 목 밑에 들이쳐 있으니 하얗게 질려 사색이 되는데 머리카락 한 올 한 올이 곤두서는 게 보이더라고. "칼에 지문하나 안 남기고도 당신 목을 벨 수 있는데 이래도 못 믿겠소?"

이런 능력을 가졌으니 무엇이 두렵겠는가? 하지만 실제 사정은 달랐던 것 같다. 초능력이 생길수록 몸이 괴롭고 성격도 통제가 안 되더란다.

자신을 대하는 사람들도 몸에서 뻗쳐 나오는 살기에 질려 피하기만 하고 문득문득 정신을 잃고 난폭해질 때는 이러다가 정말 사람 잡겠다 싶을 정도로 통제가 안 되었다고 했다. 결국 그 독한 기운이 가족들에게까지 뻗쳐 이런저런 일로 말 못할 고생에 시달리다 마침내 그 모든 힘을 버리고 대한민국을 떠나셨다.

그렇다면 도대체 이런 초능력 도술들의 정체는 무엇일까? 수련이 극에 이르면 자연히 얻는 능력인가?

도(道)와 술(術)의 구분

사실 오늘날도 세상 곳곳엔 특별한 능력을 가진 사람들이 있고 때때로 이런 사람들의 신기한 재주를 보고 이들을 도사(道士)라 부르고 이런 초능력들을 도를 깨달아 얻은 도술로 오해하기도 한다.

하지만 이런 신기한 능력들은 대자연의 법칙을 깨달아 안다는 도(道)와는 확연히 구분된다. 도술이란 아무리 그 능력이 신기하고 뛰어나도 한낱 재주에 지나지 않는다. 그래서 이런 능력들을 단순한 재주라는 뜻으로 술(術)이라 부르고 이런 술을 부리는 사람을 술객(術客)라 부른다. 장풍도 술이고 축지도 술이다. 염력, 투시, 공중부양, 괴력 등도 다 술에 불과한 것이다.

술(術) - 단순, 무식해야 통(通)한다.

그런데 신기한 도술을 얻었다는 도파나 종교의 수련을 보면 풀기 힘든 화두(話頭)에 집중 하던지, 벽에 점을 찍고 뚫어지게 쳐다보거나 무서운 공동묘지에서 며칠씩 밤을 새가며 주문(呪文)을 외우기도 하고 절벽 끝에서 서서 식음을 전폐한 채 목숨을 건 선정에 들기도 한다.

이렇게 자신을 내려놓는 극한의 수련을 하다보면 점차 자의식(自意識)이 가라앉게 되는데 이것이 깊어지다 보면 나중엔 자신마저 잊고 마는 무의식의 경계로 들어가게 된다. 이 경지에선 인간의 한계를 벗어나 신비로운 체험을 하기도 한다.

'나는 생각한다. 고로 존재한다.'는 데카르트의 말처럼 인간이란 생각하는 동물이고 태어나서부터 죽는 순간까지 한순간도 사고(思考)를 멈추지 않는다. 그런데 자의식이 사라지고 생각이 멎는다는 것은 더 이상 내가 아닌 상태, 알맹이인 의식은 사라지고 껍데기만 남는 상태 즉, 주인 없는 빈 집이 되는 것이다. 이 경지에 이르면 무너진 의식의 경계를 뚫고 빈 육체 안에 다른 차원의 기운이 치고 들어오기도 하는데 이 때 그 기운이 가진 능력과 재주가 함께 들어오는 것이 신통력이다.

이처럼 술은 도와는 상관없이 꾸준한 집념만으로도 가능한 일이다. 하지만 술이 가진 초능력이 아무리 뛰어나다 한들 도를 깨친 사람 앞에선 아무런 힘도 발휘할 수 없다는 한계를 갖는다. 도의 가장 낮은 경지라 할 지라도 술의 가장 높은 경지보다 그 수준이 높기 때문이다. 그리고 도에는 술의 힘이 이미 내포되어 있지만 술에는 도의 힘이 없어 결코 도의 경지를 넘어 설 수가 없다고 한다.

도술의 한계

예전엔 장풍, 축지, 공중부양이 필요했던 시대일 수도 있었겠지만 지금은 별 필요가 없다. 비행기 티켓 하나 끊으면 지구 반대편까지 단박에 날아가고 우주정거장에 앉아 지구를 내려다 보는 시대에 축지에 공중부양은 무슨 쓸모이며 스마트폰으로 세상에서 일어나는 일들이며 이미 지나간 전 인류의 사건들을 조목조목 살펴 아는데 천리안은 또무슨 소용이겠는가? 신기한 초능력을 가졌다는 사람들을 보여주는 TV 쇼들도 있지만 심심풀이로 보다 채널을 돌려버린다. 인간의 과학 기술로 만들어낸 테크놀로지가 평생 수련을 통해 이룰 수 있을까 말까한 경지를 훨씬 넘어섰기 때문이다.

재미난 이야기가 있다. 두 수도승이 입산하여 세상과의 인연을 끊고 20년을 수행했다. 20년 수행을 마치고 하산해서 강을 만났자 한 수도승은 물 위를 척척 걸어 강을 건넜는데 다른 수도승은 두 냥 돈을 내고 나룻배를 탔다. 그걸 본 사공이 물었다. '아니 저 분은 물 위를 걸어 강을 건너시는데 당신은 20년 동안 뭘 했길래 배를 타고 건넙니까?' 수도승이 말했다. '저 사람은 고작 두 냥을 아끼기 위해 20년을 수행 했을 뿐이고 난 그 시간에 우주의 온 진리를 다 깨우쳤소.' 이 말인즉슨 쓸모적은 일에 공연히 시간 버리지 말라는 뜻이다.

도술의 폐해

도술이란 제3의 기운이 내 안에 들어와 초인적인 능력을 발휘하는 현상이라고 했다. 애초에 내 것이 아니었으니 어느 순간에 사라지기도 한다. 한참 도술로 주가를 올리던 이들이 도술이 떠나고 나면 그 잃어버린 기운을 찾겠다고 더 혹독한 수련에 매달리는 데 이렇게 다시 들어온 기운은 도리어 나를 지배하는 주인노릇을 하게 된다. 그러다 보면 그 힘에 눌려 몸과 정신까지 파괴되어 일생을 망치기도 한다.

세상에 공짜란 없다. 초능력 도술 역시 공짜가 아니다. 특별한 에너지를 끌어다가 쓰고 나면 그만큼 값비싼 대가를 지불해야 한다. 그래서 술객들의 말로는 항상 비참했다. 패가망신을 하거나 과도한 방사로 인해 단명(短命)을 하기도 한다. 그래서 구도자들은 구도 중에 만나는 술의 유혹은 쳐다도 보지 말라는 엄한 교훈을 듣는 것이다.

술객(術客)들의 초능력이 아무리 뛰어나다 한들 세상에서 크게 쓰이지도 못했다. 초능력 도술로 세상을 구한 이가 인류 역사에 있었던가? 서산대사, 사명대사가 임진왜란 때 적장들을 도술로 혼내주었다는 통쾌한 야사도 있지만 풍전등화에 놓인 국운을 건져 낸 것은 우직함으로 충정을 다한 충무공 이순신이었다. 이순신 장군 역시 뛰어난 도인으로 우리나라 도가의 계보에 올라 있으나 그가 나라를 지킨 것은 초능력 도술이 아닌 뛰어난 지략과 백성을 사랑하던 어진 덕(德)이 아니었던가?

그러니 우리가 닦아 지녀야 할 것은 신기한 재주인 도술이 아니라 삶의 본질을 관조하며 모든 어려움을 이겨낼 수 있는 지혜가 담긴 도인 것이다.

무를 닦아 이르는 도인(道人)의 경지

태권도, 공수도, 검도 등 우리 무인들은 도(道)라는 글자를 운명처럼 달고 산다. 우리가 닦는 태권도라는 글자 앞에 붙는 태권은 재주 즉, 술(術)이다. 술이 방편이라면 도는 목적이다. 즉, 우린 태권이라는 방편을 통해 인간완성이라는 도에 이르고자 하는 도인이라는 말이다.

그런데 혹시 우린 지금 재주인 술을 닦는 데만 너무 치중하여 도라는 목적은 잊고 있지는 않는가? 몸만 비대하고 머리는 빈약한 속빈 강정이 되어 있지는 않는가? 진지하게 스스로를 돌아보아야 할 때다.

육체의 단련을 넘어 정신적 깨달음에 도달해야 한다. 정직한 수련을 통해 삶의 본질을 관조할 줄 알며 욕심, 분노, 불안, 걱정 등 부정적 에너지를 털어 버리고 생노병사의 집착에서조차 자유로와질 수 있어야 한다. 그래서 도에 이른 무인, 사랑과 열정 그리고 덕을 겸비한 무인이 될 수 있어야 한다. 태권으로 도에 이른 태권도인(跆拳道人), 이것이야말로 바로 내가 꿈꾸는 바이고 남은 삶을 통해 가고자 하는 방향이다.

4. 기의 운행, 기운(氣運) The Operation of Energy

오늘날까지 세상에 전해진 전통무예들은 온 인류가 피와 땀, 때론 목숨까지 버려가며 발전시킨, 가장 실질적인 문화유산 중 하나다. 그렇기에 이 문화유산을 온 인류가 함께 누릴 수 있는 귀한 수련으로 오늘에 맞게 자리매김 시켜야할 책임이 우리에게 있다.

그러기 위해서는 무예가 단순히 격투의 수단으로서 뿐 아니라 병든 몸을 치유하고 육체를 넘어 마음까지 다스리는 수련의 도구로서도 그 기능을 가질 수 있어야 한다.

무예 수련과 스포츠 수련이 다른 것 중 하나가 바로 기(氣)다. 기란 태권도를 비롯한 모든 무예에서 몸을 보호하고 강화시키는 수련의 핵심 도구로 다루어 왔다. 그러나 기를 대단한 경지에나 이르러야 알 수 있는 신비로운 존재로 대하는 이들이 많다.

그렇게 해서는 우리 수련에 아무런 도움이 되지 않는다. 기를 보고 듣고 손으로 만져볼 수 있는 실질적인 에너지의 흐름으로 이해할 수 있어야 한다. 그럴 때 기 수련이, 그리고 태권 수련이 단순히 몸을 강화하는 수단을 넘어 자연과 동화하는 단계로까지 확대될 수 있는 것이다.

이럴 때 태권도장이 힐링 센터가 되고 명상센터가 되어 누구나 쉽게 찾아 심신의 단련과 재충전을 도모할 수 있는 곳이 될 수 있는 것이다.

기(氣)란 무엇인가?

기(氣)란 특히, 우리 한민족에겐 불가분의 존재였다. 우리 말에 '기가 막힌다. 기가 세다, 기가 꺾였다, 심기가 불편하다. 살기가 느껴진다. 기진맥진하다.' 등의 수많은 표현에 기라는 말이 사용되어 왔고 이런 기의 작용은 생활 주변에서도 쉽게 찾아 볼 수 있다.

시골을 여행하다보면 사람이 살지 않는 버려진 집을 본다. 서까래가 주저앉고 벽이 무너진 것이 당장이라도 귀신이 튀어나올 것만 같다. 사람이 거주 할 땐 생생한 기운이 집안 가득 차서 집도 생생했지만 사람이 떠나면 곧 무너져 내리고 폐가가 되고 만다. 사람의 기운이 빠져나갔기 때문이다.

우리 몸도 생기 가득 할 땐 건강하고 살아 움직이지만 생기가 빠져나가고 나면 곧 티끌로 흩어져 사라져 버리는 것처럼 말이다. 이것이 바로 기의 작용이다.

세상은 딱딱하고 고정된 사물들로 이루어진 것이 아니다. 우리 몸을 비롯한 대자연의 모든 사물들은 한시도 쉬지 않고 끊임없이 역동하는 에너지의 덩어리요, 기운의 뭉친 모습이다. 기가 모이면 형체를 갖고 기가 흩어지면 그 형체를 잃는다.

대자연을 이루는 기(氣)는 변화무쌍하게 움직이면서도 매우 규칙적인 법칙에 따라 운행되고 있다. 따라서 이 법칙에 맞게 심신을 단련해 가고 삶을 다스려 갈 때 비로소 우리 몸과 마음에 맑은 기운이 돌아 건강한 삶을 영위할 수 있으며 어려워진 생활의 치유도 가능해 진다. 그렇다면 먼저 우리 몸에 흐르는 기에는 어떤 종류가 있으며 어떤 작용을 하고 있는지에 대해 살펴보자.

정기(精氣), 탁기(濁氣)

첫째로 우리 몸에 흐르는 기는 크게 정기(精氣)와 탁기(濁氣)로 나누어 볼 수 있다. 정기란 글자 그대로 맑은 기운을, 탁기란 탁한 기운을 말한다. 맑은 기운은 가벼워 위로 뜨는 성질을 가지고 있으며 탁한 기운은 무거워 가라앉는 성질이 있다. 맑은 기운은 가벼워 순환이 잘 되지만 탁한 기운은 무거워 정체된다. 그래서 몸에 정기가 가득하면 건강하지만 탁기가 쌓이고 뭉치면 기혈이 막혀 병을 만든다.

똑같이 땀 흘려 일을 해도 신나는 일을 할 때는 정기가 생성되어 피곤하지 않고 도리어 힘이 나지만 하기 싫은 일을 억지로 할 때는 탁기가 발생해 피로와 스트레스가 쌓인다. 그렇기 때문에 기분 좋게 몸을 움직이면 정기를 생산해 몸에 좋은 '운동'이 되고 싫은 일을 억지로 하게 되면 '노동'이 되어 탁기가 발생하고 몸을 상하게 만드는 것이다. 취미로 농사를 짓는 사람은 땀 흘려 텃밭을 가꾸면서 몸이 가벼워지고 정신이 맑아진다.

운동도 취미로 하면 몸에 좋지만 직업으로 스트레스를 받아가며 무리하게 운동을 해야 하는 프로 선수들에게는 항상 피로를 불러오는 노동이라 즐겁지가 않다.

객기(客氣)

객기는 남의 기운이란 뜻으로 몸 안에 쓸데없이 쌓인 탁한 기운을 이르는 말이다. 몸의 어느 부분의 기운소통이 잘 되지 않을 때 이곳에 기운이 뭉쳤다가 탁해져 객기가 되어 몸을 고장 내는데 대표적인 객기의 증상 중 하나가 바로 오십견(五十肩)이다. 어깨에 객기가 꽉 차 통증이 발생하면 이땐 팔조차 들어 올릴 수 없게 된다. "50살은 50근의 무게를 지고 살고 70살은 70근을 지고 산다."는 말처럼 어깨에 낀 이 객기를 풀어내지 못하면 나이가 들수록 더 큰 통증과 무게를 지고 살아야 한다.

주위를 둘러보면 자라마냥 목을 어깨에 딱 붙이고 사는 사람들이 있다. 이들의 목과 어깨에 객기가 잔뜩 쌓인 것이다. 이러면 기의 순환이 원활하지 않아 머리도 맑지 않고 무거워 성질이 급해지고 조그만 일에도 불같이 화를 낸다. 객기가 몸에 꽉 끼어 스스로 힘들기 때문이다. 탁한 기운을 잔뜩 물고 사는 소위 '건달'들이 이 모양으로 산다. 건달들이 괜히 성질이 안 좋은 것이 아니다. 이렇듯 객기란 비단 내게만 해로운 존재가 아니라 남에게도 해를 끼친다.

이런 증상을 고치려면 시간이 날 때마다 부지런히 목과 어깨를 돌리고 풀어주어 유연하게 해주어야 한다. 목과 어깨의 객기가 빠지고 나면 이고 있던 쌀자루를 내려놓은 것 같이 두통이 사라지고 몸과 마음이 편안해지면서 성품까지 고와진다. 사슴같이 목이 길고 늘씬한 미녀들을 보라. 목이 유연하니 가볍고 경쾌해 보인다. 보기만 해도 기분이 좋고 호감이 간다. 당연 인기가 좋고 대인관계가 좋을 수밖에 없다.

객기와 돌연사

고된 격무와 스트레스에 시달리다보면 피곤하기는 한데 밤새 뒤척이기만 하고 잠 못 드는 불면증이 발생한다. '잠은 짧은 죽음이요, 죽음은 긴 잠이다.'라는 말처럼 밤엔 모든 것을 잊고 죽은 듯이 자야 한다. 그런데 몸이 불편해 밤새 뒤척이고 나면 몸 뿐만이 아니라 오장육부까지 쉬질 못해 장이 굳고 기능도 떨어진다.

이러면 온몸이 무겁고 머리가 땡땡한 상태가 되는데 이런 상태가 지속되면 기혈이 막히고 생체 리듬이 깨져 밥도 먹을 수 없게 된다. 이 객기가 감당할 수 없는 수위에 이르면 고혈압, 중풍, 뇌졸중 등으로 쓰러지거나 어느 순간 몸이 동작을 딱 멈추어 버린다. 이것이 바로 돌연사(突然死)다. 스트레스 많은 중년남성들의 돌연사의 원인이 바로 객기로 기혈 순환이 막힌 데서 오는 것이다. 이렇듯 잠만 잘 자도 웬만한 병은 쉽게 낫지만 잠을 자지 못하면 건강했던 몸도 쉬이 병이 나는 법이다.

그러니 잠이 오지 않을 땐 억지로 자려 하지 말고 가벼운 스트레칭으로 몸에 뭉친 객기를 풀어 주고 다시 잠자리에 들어야 한다. 몸을 피곤하게 만들어 잠을 청하겠다며 무리한 운동을 하게 되면 혈액 순환이 빨라져 도리어 잠을 쫓게 되니 이는 좋은 방법이 아니다.

객기가 쌓인 정도

옛말에 고침단명(高枕短命)이란 말이 있다. 베개를 높이 베면 오래 살지 못한다는 뜻이다. 베개가 높아야 잠이 잘 오는 사람은 객기가 몸에 꽉 끼어 몸을 펴지 못하고 구부리고 자고 있는 것이다. 당연히 기혈 소통이 안 돼 오래 살지 못할 것이다.

반대로 베고 자는 베개가 낮다면 몸에 긴 객기가 적어 유연하다는 말이고 베개 없이도 잘 잔다면 더욱 객기가 적다는 말이니 장수할 것은 말할 나위도 없다. 이렇듯 자신이 베고 자는 베개의 높이만 봐도 몸에 긴 객기의 정도를 알 수 있다.

바닥에 까는 침구의 폭신한 정도 역시 몸에 긴 객기의 정도와 비례한다. 어린 아이들은 신나게 뛰놀다가도 방바닥이고 어디고 아무데나 푹 퍼져 잠이 든다. 높은 베개도, 폭신한 이부자리도 필요 없다. 그런데도 한잠 자고 눈만 뜨면 언제 그랬냐는 듯이 뛰어 다닌다. 몸이 부드러워 오장육부며 관절마다 기운이 잘 소통되어 객기가 적고 재충전이 쉽기 때문이다.

반면에 객기가 많이 긴 노인들은 폭신한 침대 위에서도 잠을 잘 못 이룬다. 잘 때는 어린 아이들처럼 큰 대자로 쭉 뻗고 자야 하는데 나이가 들수록 잔뜩 웅크리고 자게 된다. 객기 때문에 자면서도 몸을 내려놓지 못하는 것이다. 그러니 기운소통이 잘 될 리가 없고 자고 나도 피곤하다.

인간의 몸은 기운소통만 잘 되면 아프지 않도록 설계되어 있고 객기가 빠질 때 비로소 몸 안에 숨겨진 놀라운 재생능력과 치유능력도 되살아나는 법이다. 따라서 많은 장수의 비결들이 있으나 몸을 부드럽게 풀어 객기를 빼내고 기운 소통을 좋게 만드는 방법이 그

첫째라 할 것이다.

탈기(脫氣), 실기(失氣)

탈기(脫氣)와 실기(失氣)는 몸에서 기운이 빠진다는 말이다. 하지만 그 뜻엔 차이가 있다. 실기(失氣)란 말 그대로 몸의 기운을 잃어버리는 것이고, 탈기(脫氣)란 탁한 기운을 털어낸다는 뜻이다.

술에 취해 비틀거리는 사람은 몸의 관절과 근육이 주기(酒氣)에 의해서 탈기된 상태이다. 유연하기에 넘어져도 잘 다치지 않는다. 성인들이 흔히 당하는 부상들을 보면 몸이 균형을 잃었을 때 안 넘어지려고 억지로 몸을 반대로 틀다가 발목이나 허리가 꺾여 다치곤 한다. 균형을 잃었을 땐 넘어지는 방향으로 힘을 빼고 그냥 넘어져야 한다. 이것이 바로 낙법의 원리고 탈기의 응용이다.

가슴에 울화가 치밀어 속이 막혔을 땐 통곡을 하는 것도 탈기(脫氣)에 좋은 방법이다. 울면서 탁한 기운이 빠져나와 막혔던 기운이 뚫리면서 가슴이 후련해진다. 종교적으로 참회의 눈물을 흘리고 나서 중병이 나았다는 사람들이 많은데 이 또한 가슴에 맺혀 있던 탁기가 눈물로 녹아 빠져 나오면서 오래 묵은 병이 낫는 현상으로 볼 수 있다.

반면에 병이 들어 기운을 잃거나 무리한 일로 기운을 소진하는 경우는 실기에 해당한다. 탈기는 쓸모없는 탁한 기운을 털어버려 몸에 이롭지만 실기는 좋은 기운을 잃어 몸에 해롭다.

웃음도 우리 몸의 기운을 화하게 해주고 소통을 시켜주는 좋은 탈기 방법이지만 너무 크게 소리 내어 깔깔거리면 도리어 실기(失氣)가 되어 몸에 해로워진다. 사람을 간지럽혀 억지로 웃게 만드는 것이 고문에 해당하는 것도 엄청난 실기 때문이다. 조금만 웃겨도 참지 못하고 배꼽을 잡고 자지러지게 웃는 사람들이 있는데 이들은 에너지 손실이 심해 큰 기운을 모으기가 어렵고 큰일을 하기도 어렵다.

게다가 너무 자지러지게 웃는 사람을 보면 보는 사람마저 불편해져 눈살을 찌푸리게 된다. 그러니 나이가 들수록 깔깔거리는 웃음은 되도록 삼가 하는 것이 좋다. 실기가 되어 쉽게 병이 들 수 있기 때문이다.

그렇다면 어떤 웃음이 좋은 웃음일까? 내면에서 우러나오는 기쁨을 은은하게 표출하는 미소가 좋은 웃음이다. 모나리자의 미소나 신라의 미륵보살 반가사유상에서 볼 수 있는 그런 미소는 보는 사람들에게 진한 감동과 맑은 기운을 준다. 사회적으로 존경받는 큰 어른들도 보면 얼굴 가득 은은한 미소를 지을 뿐 함부로 소리 내어 웃질 않는다. 그러면서도 그 미소 속엔 큰 기운이 담겨 보는 이의 마음마저 맑혀주는 힘이 있다.

토기(吐氣), 흡기(吸氣)

토기(吐氣)란 내쉬는 호흡을 통해 몸 안에 쌓인 탁기를 몸 밖으로 배출시키는 방법이고 흡기(吸氣)란 들이마시는 숨을 통해 신선한 기운을 안으로 채워 넣는 방법을 말한다. 토기로 오장육부의 탁기를 배출하면 몸이 가볍고 부드러워지는데 이런 토기가 잘 안 되면 호흡이 얕아지고 몸의 기운도 잘 안돌게 된다.

그래서 호흡을 할 땐 내쉬는 숨에 좀 더 집중을 해야 한다. 그래야 몸 안에 빈 공간이 생겨 맑은 기운이 그 자리를 채워 들어올 수 있기 때문이다. 탁한 기운을 몸 안 가득 쌓아 놓고서는 빈자리가 없어 아무리 맑은 기운을 끌어들이려 해도 들어오지 못함은 당연한 일이다.

사람이 임종을 맞이 할 때도 마지막 호흡을 보면 대부분 들이마셨다가 내쉬지를 못하고 죽는다고 한다. 그래서 '토기즉생(吐氣卽生)이요, 흡기즉사(吸氣卽死)다.'라는 말도 있다. 내쉬는 숨은 생명이 되지만 들이쉬는 숨은 죽음이 되니 내쉬는 호흡에 중점을 두라는 뜻이다.

많은 사람들이 단전호흡을 할 때 흡기(吸氣)에 중점을 두는데 사실은 토기를 통해 탁기를 배출하는데 더 주안점을 두어야 한다.

기분(氣分)

잠을 잘 자고 나서 기지개를 쭉 켜면 온 몸 구석구석 시원하게 기운이 뻗어나가 몸이 잘 풀리고 '기분이 좋다.' 이 때 기분(氣分)이란 기(氣)의 분배(分)를 말한다. 그래서 기분이 좋다는 말은 몸 전체에 기운이 골고루 퍼져 편안하다는 뜻이고 '기분이 나쁘다.'는 말은 기가 뭉치고 편중되어 불편하다는 뜻이다. 피곤할 때 팔다리를 주물러주면 기분이 좋고 편안해 지는 것도 뭉쳤던 기운들이 골고루 분산되기 때문이다.

어린 아이들이 배가 아파 보챌 때도 '엄마 손은 약손, 엄마 손은 약손' 하며 만져주면 엄마의 따끈따끈한 손의 기운이 아이 배의 차고 뭉친 기운을 풀어 주어 기분(氣分)을 좋게 해주기에 통증이 가시고 스르르 잠이 드는 것이다.

5. 성인들을 위한 호흡수련 Breath Training for Adults

미국은 오래 전부터 부모와 자녀들이 함께 수련을 하는 패밀리 클래스가 활성화 되어왔다. 그런데 웃요즘은 점점 도장에서 성인들이 사라지고 어린 아이들만 남는다고 울상이다. 다들 없는 시간도 쪼개어가며 레저, 스포츠에 막대한 돈을 투자하고 있건만 왜 집 가까운 도장, 특히 자신의 자녀들이 다니는 도장에는 가려 하지 않을까?

개인적으로 현대 태권도장의 수련체계가 성인들에게 맞지 않아서라고 생각한다. 대부분의 도장에선 빠르게 이어 차고 뛰어 차는 발차기, 칼 같이 각을 잡아하는 품새 등 높은 순발력이나 지구력, 균형감각을 요구하는 수련이 주를 이룬다. 이런 수련은 성인들에게 부적당하다.

마음먹은 대로 따라 주지 않는 몸도 문제겠지만 도저히 숨이 차서 따라갈 수가 없다는 점이 가장 큰 문제일 것이다. 나이가 들수록 호흡이 짧아지는데 발차기 몇 번 따라해 보면 숨이 막혀 정신이 아득해 진다. 몇 시간씩 하이킹을 해도 잘 움직이던 팔다리가 이상하게 발차기 몇 번 하고 나면 주저앉고만 싶어진다. 그러니 골프나 쳐야지 하고 골프가방 메고 레인지로 향하게 된다.

호흡으로 기운 맑히기

현대 무예수련의 목적은 전투를 수행하기 위한 수단이기보다 병약했던 신체를 단련시켜 치유하고 자신의 한계를 넓혀 몸과 마음을 닦는 일일 것이다. 그런데 눈에 보이는 몸이야 수련을 통해 닦는다지만 눈에 보이지 않는 마음은 어떻게 닦아간단 말인가?

'명심(明心)은 명신(明身)이다.'라는 말이 있다. 마음을 닦으려면 몸을 먼저 닦아야 한다는 뜻이다. 몸은 물질이고 마음은 비물질이다. 그러면서도 어떤 연결고리를 가지고 유기적으로 운행되고 있음을 부인할 수 없을 것이다. 이때 생각해 보아야 할 것이 바로 호흡이다.

비유하자면 호흡은 물을 담은 컵과 같고 마음은 컵에 담긴 물과 같다. 컵을 흔들면 그 안에 담긴 물도 흔들려 요동치게 되고 컵이 고요해지면 그 안에 담긴 물도 따라서 정(靜)하게 된다. 즉, 호흡이 정(靜)하면 컵 안에 담긴 마음도 가라앉아 정해지고 호흡이 거칠어지면 마음도 이에 따라 거칠게 요동을 치는 것이다.

그래서 화를 내거나 흥분을 할 때처럼 마음이 산란해지면 제일 먼저 호흡이 흐트러진다. 이때 크게 숨을 들이 쉬었다가 길게 내뿜으면 내쉬는 호흡과 함께 확 올라왔던 화기(火氣)가 빠져나가고 성질이 푹 가라앉고 마음이 안정되기 시작한다. 만일 한 번으로 충분하지 않다면 두 번, 세 번 마음이 진정 될 때까지 내쉬는 호흡에 집중해서 반복하면 된다.

호흡으로 본 건강상태

평소 호흡만 주의 깊게 살펴봐도 스스로의 건강상태를 쉽게 체크해 볼 수 있다. 예를 들어 함께 대화를 하거나 전화통화를 하다 보면 호흡이 거칠어 씩씩거리는 숨소리가 들려 대화하기가 불편한 사람이 있는데 호흡이 거칠다는 것은 기운이 탁해 건강이 좋지 않다는 말이다. 노인이나 비만인 경우 혹은 병약한 사람들이 주로 이런 얕고 거친 호흡을 가진다.

그런데 문제는 호흡이 얕고 거친 사람과는 기분 좋게 대화를 나누기도 어렵고 함께 큰일을 도모하기도 어렵다는 점이다. 호흡이 얕은 사람은 감정의 기복이 심하고 작은 일에도 급격히 화를 내거나 조급히 행동하는 경향이 있기 때문이다.

반대로 호흡이 깊은 사람은 대하는 이에게 편안한 기분을 주니 무슨 말을 해도 믿음직스럽고 서두르지 않으니 일에도 실수가 적다. 무슨 일이든 믿고 맡길 수가 있다.

이 밖에도 호흡은 수명과도 밀접한 관계가 있다. 생명은 최초의 심장박동으로 시작되며 마지막 박동으로 끝이 난다는 아리스토텔레스의 말이 있다. 그래서 거북이나 고래 같이 호흡이 깊고 심장박동이 낮은 동물들은 수 백 년을 살지만 하지만 생쥐나 참새처럼 호흡이 얕고 심장박동이 빠른 동물은 행동이 조급하며 오래 살지 못한다.

분당 심장박동수가 약 600회인 생쥐의 기대 수명은 1~2년이고 160여회의 고양이는 약 15년, 반면에 코끼리와 같은 동물은 심장박동이 느리기 때문에 약 70년을 산다. 심장박동이 지극히 느려 분당 약 6회인 바다거북은 평균수명이 170년을 넘고 북극고래는

200년을 산다. 분당 심장박동수가 60~100회인 우리나라 사람의 평균 수명은 약 80세다. 이처럼 호흡이 깊을수록 심장박동이 따라서 느려지고 수명도 길어진다. 그러니 오래 살고 싶다면 호흡을 먼저 깊게 만들어야 하는 것이다.

단전호흡

생명체가 태어나면서부터 죽는 순간까지 한순간도 멈추지 않는 것이 호흡이라 무병장수를 위해선 호흡 수련이 대단히 중요하다. 호흡 수련을 말할 때 우리가 흔히 아는 것이 단전호흡인데 호흡방법은 수련 단체마다 각기 다른 방법들이 있으나 깊고 세밀하고 조용하게 쉬는 것이 원칙이다.

그런데 단전호흡을 할 때 맑은 기운을 들이마시는 흡기(吸氣)보다 탁한 기운을 내쉬는 토기(吐氣)에 더 주안점을 두어야 한다. 토기에 집중을 하면 숨을 토해 낼 때마다 몸에서 조금씩 탁기가 빠져나가 탈기(脫氣)가 되고 몸이 가볍고 유연해진다.

앞서 본 것처럼 탈기가 안 되면 몸에 객기(客氣)가 끼어 기혈이 막히고 세포가 뭉쳐 만병의 근원이 되니 토기를 통해 탁한 기운을 뽑아내야 몸도 가벼워지고 마음도 편안해져 무병장수를 이룰 수 있는 것이다.

무예수련이나 기공수련에 심취했던 이들 중에 잘못된 호흡 수련으로 주화입마의 폐해를 경험하는 사람들이 있다. 이는 억지로 단전에 기운을 모으려는 축기(縮氣)에 욕심을 내다보니 호흡을 비틀어 정기(精氣)가 아닌 사기(邪氣)가 치고 들어와 생기는 현상이다. 따라서 호흡은 억지스러워도 안 되고 욕심을 내서도 안 된다는 점을 반드시 명심해야 한다.

호흡의 자세

단전호흡은 서서하는 입식(立式), 앉아하는 좌식(坐式), 누워하는 와식(臥式) 등이 있는데 일반적으로 좌식을 많이 한다. 좌식 호흡의 자세는 팔은 다리위에 편안하게 내려놓고 몸과 다리에 힘이 들어가지 않도록 한 후 눈은 코끝이 보일 듯 말듯 반쯤 내려 감고 눈으로는 코를 보고 코로는 마음을 본다. 일명 안관비(眼觀鼻) 비관심(鼻觀心)의 자세를 취한다. 눈을 완전히 감으면 잡념이 쉽게 떠올라 정신집중에 방해가 되기 때문이다. 하지만 나중에 깊은 선정에 들면 눈을 완전히 감아도 된다. 그리고 몸에 힘이 들어가면 객기가 끼어 쉬 피곤해지니 어깨와 척추는 펴되 되도록 이완하고 의식은 단전에 두어 기운이 위로 뜨지 않게 한다.

이런 자세로 깊고 고요한 호흡으로 단전깊이 맑은 기운을 불어 넣고 머리와 신경이 고요한 상태에서 휴식을 취하면 몸 안에 운기(運氣)가 잘 되어 피로가 풀리고 몸 안에서 놀라운 치유의 능력이 깨어나 상했던 몸이 빠르게 치유되어간다.

호흡의 맛과 효능

그렇다면 스스로 호흡을 잘 하고 있는지 아닌지를 알 수 있는 방법은 무얼까? 호흡의 맛을 보면 된다. 들이쉬는 호흡을 깊게 했다가 단전에서 살짝 내리누르면 수기(水氣)를 관장하는 신장(腎臟)에서 시원한 기운이 위로 올라와 혀뿌리를 적신다. 다시 내쉬는 호흡으로 몸 안에 쌓인 탁기를 토해내면 화기(火氣)를 담당하는 심장에서 따뜻한 기운이 단전으로 내려온다.

이렇게 몸 안에서 기운의 순환이 이루어지면 머리는 시원해지고 가벼워지며 배와 손발은 따뜻해지는 수승화강(水昇火降)이 이루어지는데 이 때 입안에선 기분 좋은 단침이 촉촉하게 고이게 된다. 이것은 운기가 잘 되어 오장육부의 기운이 정화되고 있다는 뜻이고 반대로 단전호흡을 했는데도 입이 쓰다면 이것은 운기가 잘 안 된 것이라 이해하면 된다.

갓난아이들을 보면 그 성장속도가 무섭다. 배로 숨을 쉬는 복식호흡을 하기 때문이다. 하지만 성년이 되면서 호흡을 의식적으로 끌어 들이지 않으면 깊이 딸려들지 않게 된다. 자연 혈액 속의 산소 공급량이 적어지고 호흡의 기운이 닿지 않는 몸 속 깊은 곳의 내장기관들이 서서히 굳어져 가기 시작한다. 이로서 혈액순환과 기운순환에 장애가 일어나 피부노화의 가속, 신체기능저하 등의 현상이 나타나는 것이다.

호흡에 따른 운동과 노동의 차이

똑같은 수련도 호흡에 따라 힘들기만 한 노동이 될 때가 있고 기분 좋은 운동이 될 때도 있다. 깊은 호흡 속에서 몸 가는 데 마음 가고, 마음 가는 데 몸이 가도록 심신합일의 상태에서 천천히 몸을 움직여 가면 내쉬는 호흡을 따라 조금씩 탁기가 빠져 나가기 시작하는데 이렇게 탁한 기운이 몸에서 빠져 나가고 나면 몸 안의 빈자리를 찾아 조금씩 맑은 기운이 차오르게 된다.

이렇게 깊고 고요한 호흡 속에 이루어지는 정갈한 동작들은 오래해도 피곤치 않고 도리어 기운이 차고 할수록 즐겁다. 마음도 정갈해 지니 몸동작 하나하나에 정신이 집중되어 간다. 이럴 때 비로소 육체적, 정신적 한계를 넓혀 갈 수 있는 도구를 갖게 되는 것이다.

반면에 격하고 빠른 수련으로 호흡이 가빠 흐트러지고 마음으로 몸을 이끌지 못하면 어떤 동작도 그저 힘든 노동이 되고 만다. 호흡이 흐트러지면 몸에는 힘이 들고 정신은 혼미해져 쉽게 지치게 되니 에너지를 소모하기만 할 뿐 재충전이 되지 않기 때문이다.

즉, 할수록 피곤하고 골병만 들게 된다. 태권도를 비롯한 각종 직업선수들이 강도 높은 훈련 속에서 겪는 만성피로와 부상 역시 바로 여기에서 기인한다고 볼 수 있다.

숨을 헐떡이며 억지로 마지못해 하는 노동은 몸의 기운을 쇠하게만 하니 이로서는 심신을 건강하게 하지 못하고 정신을 집중 할 수가 없어 무예의 진수를 터득할 수 없을 뿐 아니라 낮은 단계의 기술운용에서도 차이가 날 수 밖에 없다. 호흡이 흐트러진 상태에선 위력적인 타격이나 찰나의 순간에 움직여야하는 반격의 타이밍도 놓치기 십상이다.

새로운 수련개발의 방향

이처럼 호흡은 비단 무예수련을 위해서 중요할 뿐 아니라 일상생활 속에서도 심신을 안정시켜 상한 육신을 치유해 내고 마음을 맑히는 수단으로서 매우 쓸모가 있다.

특히 나이가 들수록 호흡이 짧아지고 불규칙해지는 성인들에게는 무병장수에 더 없이 긴요한 수련이다. 호흡이 가라앉으면 요동치던 마음이 안정되고 산란했던 생각이 진정되니 몸의 기운도 원활히 소통되어 맑은 기운을 길러 줄 수 있다.

그러니 어떤 동작을 하던 무리하게 기술에 욕심내지 말고 호흡을 흐트리지 않는 범위 내에서 손과 발을 국수 가락 뽑듯 쭉쭉 늘여가며 차분한 동작을 뽑아내면 깊은 호흡을 통한 기운의 순환이 일어나 마침내 몸과 마음이 하나가 되는 심신합일의 경지에 들 수 있게 된다.

느리지만 천천히 물 흐르듯 흘러가는 동작들을 호흡과 함께 춤사위처럼, 실타래를 뽑아내는 누에처럼 뽑아낸다면 어떤 무예든 바쁜 생활에 지친 현대인들을 위한 긴요한 수련으로 자리 잡을 수 있다.

굳이 먼 산을 찾아 떠날 필요도 없고 비싼 장비도 필요 없이 그저 집 가까운 도장을 찾는 적은 노력만으로 상했던 심신을 치유해 내는 큰 효과를 얻을 수 있을 것이다. 그러기 위해선 사범인 우리들이 먼저 호흡과 더불어 손끝, 발끝으로 기운을 뻗어내는 수련ㄴ방법들을 개발해 스스로의 경지를 개척해 나가려는 노력이 필요하다.

6. 기의 흐름, 운기(氣運) The Flow of Energy

운기(運氣)란 말 그대로 기(氣)를 움직임을 말한다. 대자연의 기(氣)는 항상 움직여 나가려는 속성이 있다. 그래서 우리 몸의 기 역시 정지한 채 막혀 있으면 병이 나고 자연스럽게 흘러갈 때 건강한 법이다. 그렇다면 어떻게 해야 운기가 잘 될까?

먼저 사람은 사람끼리 몸을 맞대고 있을 때 운기가 잘 된다. 홀로 남은 독거노인들을 보라. 몸이 쉬이 쭈그러들고 걸음걸이가 느려진다. 혼자의 힘만으로는 운기가 잘 되지 않는 탓이다. 반면에 짝이 있는 노부부들은 걸음도 훨씬 잘 걷고 몸도 독거노인에 비해 반듯하다. 함께 몸을 맞댈 상대가 있어 기운을 나누고 북돋아 주기에 노화작용이 더디게 일어난다.

그래서 예전 사대부에선 늙은 노인에게 젊은 첩을 붙여주곤 했다. 늙어빠진 육체는 운기가 좋질 않아 몸이 식어 가니 추위를 많이 타고 병약해 지게 된다. 아무리 솜이불을 덮어도 따뜻하지 않지만 젊은 첩과 몸을 맞대면 자연 기운이 돌아 체온이 오르고 건강해 지기 마련이다. 이것이 회춘(回春)이다.

흔히들 금슬 좋게 산 부부는 닮는다고 하는데 이 역시 오랜 시간 몸을 맞대고 살면서 자연스럽게 운기가 되어 세포와 조직까지 닮아가는 현상이다. 그러니 만약 오랜 부부가 닮지 않았다면 사이가 좋지 않고 말이 통하지 않음을 묻지 않고도 알 수 있다. 부부가 아니라 원수라는 말이다.

인사로 나누는 기운

운기는 비단 신체적 접촉을 통해서만 이루어지는 것이 아니다. 사람을 만나 정성스럽게 웃으며 인사를 하면 상대도 그 기운을 느껴 기쁜 마음으로 답례를 한다. 서로 간에 좋은 기운이 흘러 운기가 된 것이다.

그런데 고개를 빳빳이 쳐들고 인사를 하거나 찡그리며 억지로 나눈 인사는 내 기운도 나빠지고 상대의 기분도 나빠져 관계만 멀어질 뿐이다. 기운이 막혀 운기가 되질 않기 때문이다. 그러니 인사를 할 때는 상대를 존중하는 마음으로 정성껏 해야 예(禮)가 되는 것이다.

수련생이 도장에 오면 제일 먼저 인사를 가르치는데 정성을 다한 공손한 인사라야 상호간에 좋은 기운을 나눌 수 있고 그래야 예시예종(禮始禮終)의 무도를 배운다 말할 수 있을 것이다.

자연과 주고받는 기운

운기는 비단 사람 사이에서만 일어나는 것이 아니라 사람과 자연 사이에서도 일어난다. 사람을 보고 마구 짖는 개한테도 공손하게 인사를 해주면 금방 꼬리를 흔들며 온순해진다. 인사를 알아서가 아니라 자신을 해치지 않을 것이라는 기운을 느껴서 그렇다.

도가(道家)에서는 나무 하나를 정해 두고 매일 정성들여 인사하는 수련도 있다. 3년만 제대로 인사를 하면 나무도 인사를 받을 때 그 가지를 착 내려 화답을 한다고 한다. 지극한 정성을 수련하는 방법이다.

보은 속리산에는 수령 600살이 넘은 정이품송(正二品松)이 있다. 1464년 신병으로 고통 받던 세조가 속리산을 찾아 치료를 할 때 이 나무 아래 이르러 타고 가던 연(輦)이 걸리려 하자 소나무가 스스로 늘어졌던 나뭇가지를 하늘로 치켜 올려 연을 통과시켰다고 하는데 이것을 기특하게 여긴 세조가 그 나무에 정2품(현재의 장관급)의 벼슬을 내렸다. 그 후로 이 지방에 새로운 관리가 파견되어 가면 먼저 이 나무를 찾아가 인사를 하고 예를 갖추었는데 이는 소나무의 품계가 지방 관리들의 품계보다 훨씬 높았기 때문이었다.

이것이 왕의 치적(治績)을 찬양하기 위해 만들어진 이야기인지, 실제로 나무가 길을 터주었는지는 모르겠으나 어쨌든 정성이 지극하면 나무도 사람과 교감을 나눌 수 있다는 사실을 우리 선조들은 알고 있었던 것이다.

대화로 나누는 기운

운기는 대화를 통해서도 쉽게 이루어진다. 처음 만난 사이라도 말만 잘 통하면 금방 의기투합이 되어 큰일도 쉽게 이루어 낸다. 하지만 가까운 사이라도 대화가 통하지 않으면 답답하다 못해 미워지다가 마침내 원수가 되기도 한다. 기운이 꽉 막혀 통하지를 않기 때문이다.

가끔 TV를 보면 지식인들이 토론을 하다가 말싸움이 붙어 시청자들을 불편하게 만드는 경우가 있다. 아무리 똑똑한 지식인일지라도 무식하다 싶을 정도로 막무가내가 되는데 이것은 상대 말은 들으려 하지 않고 자기주장만 들이대니 기운이 막혀 생기는 일이다. 서로 간에 기운이 상충되면 아무리 높은 지식도 무용지물이 되고 이래서는 어떤 일도 이루어지지 않는다.

그래서 병약하고 힘든 사람에겐 기분 좋은 대화, 신나는 대화를 자꾸 해주는 것이 천하의 명약이 된다. 오가는 즐거운 대화 속에서 좋은 기운이 도니 쉽게 병이 낫기 때문이다. 그러니 만나서 즐거운 사람, 기분좋고 건강한 사람을 찾아 대화를 나누고 약이 닿지 못하는 마음 속 깊이까지 좋은 기운을 채워 넣을 때 최고의 힐링(healing)이 된다. 기분 좋은 대화를 통해 운기가 되면 암도 낫는 엄청난 치유력을 갖게 된다.

시간에 따른 기운 변화

자연의 기운은 시간에 따라 바뀐다. 일 년의 기운은 음기가 가장 크고 양기가 가장 작아 일 년 중 밤이 가장 긴 동짓날 바뀌어 이때부터 다시 낮이 길어지기 시작한다.

한 달의 기운도 달을 따라 보름이 될 때까지 점점 차다가 보름이 지나면 다시 기운다. 하루의 기운은 자시(子時 11:00 – 01:00)에 바뀐다. 우물물의 기운도 이 때 한 번 뒤집어진다고 한다.

이처럼 일 년의 기운과 한 달의 기운 그리고 하루의 기운은 시간의 흐름에 따라 변화 하는데 이런 변화는 우리 몸에도 큰 영향을 끼친다. 하루 중 교통사고가 가장 많이 나는 시간은 아침 해 뜰 무렵과 저녁 해 질 무렵 즉, 출퇴근 시간이라고 한다. 지구를 지배하는 가장 큰 기운인 태양이 뜨고 지면서 거기에 사람들의 기운이 큰 영향을 받기 때문이다.

일교차가 큰 환절기에 감기에 잘 걸리는 것도 낮과 밤의 급격한 기운의 변화에 따라 우리 몸의 기운도 크게 요동치기 때문이다. 그래서 비도 아침에 맞는 비가 더 해롭다. 몸의 기운이 왕성해 지기 전에 비를 맞아 그렇다.

겨울 아침 찬바람을 마시며 달리는 것 역시 해롭다. 잠에서 깨어난 몸이 아직 원활하게 운기가 되지 않은 상태에서 가슴 깊이 스며드는 찬 기운은 폐와 심장을 상하게 하기 때문이다. 그러니 겨울아침 운동이라면 무리한 뛰기보다 빠르게 걷는 편이 낫다.

죽음의 기운이 내리는 시간, 살(煞)

우리 몸의 기운의 변화는 하루에도 시간에 따라 달라진다. 그래서 동양무술에서는 시각혈법(時刻穴法)이란 것을 발달시키기도 했다. 몸의 기운의 변화에 따라 특정시간에 특정부위를 타격하면 급소가 아닌 곳일지라도 치명상을 줄 수가 있다는 논리다.

실제로 친구 하나가 고등학교 시절 별 것 아닌 일로 다른 친구와 다투다가 남자답게 서로 한 대씩 주고받고 화해하자며 한 대 쳤는데 맞은 친구가 쓰러져 사망한 사건이 있었다. 그 밖에도 남학생들끼리 갯교실에서 장난을 하다가 손등으로 머리를 쳤는데 그것을 맞고 쓰러진 친구가 엄살을 부리는 줄 알고 빠르게 조치를 못해 깨어나지 못하고 사망한 사건도 있었다.

이처럼 죽자고 때린 것도 아닌데 사람이 죽어나가는 일이 간혹 있어 왔다. 나도 어릴 적부터 하루 중 어떤 시간에 자기도 모르게 손에 살(煞:사람을 해치거나 물건을 깨뜨리는 독하고 모진 기운)이 내리는데 그 시간에 누구를 치면 큰 일이 난다는 말을 듣고 자랐다. 게다가 하필 친 곳이 그 시각 상대 신체의 기운이 가장 취약해진 곳과 맞아 떨어진다면 정말 큰일이 날 수 있는 것이다. 그러니 장난삼아서라도 함부로 사람을 때리는 일은 삼가 해야 한다.

상(像)이 주는 기운

우리 몸에 흐르는 기운은 비단 몸을 건강하게 만들어 줄 뿐 아니라 우리의 얼굴이며 몸에서 풍겨나는 상(像)까지 바꾸어 주는 힘이 있다. 여기서 상이란 겉으로 투영되는 내면의 모습을 말한다. 귀인(貴人)에겐 귀인의 상이 있고, 건달에겐 건달의 상이 있다. 살면서 쌓아온 기운이 겉모습을 통해 우러나기에 말로는 속일 수 있어도 상으론 속이기 어려운 법이다.

옛날이야기에 한 날, 한 시에 태어나 똑같이 생긴 왕자와 거지가 신분을 바꾸어 행세를 하였다는 이야기도 있지만 이것은 현실적으로는 불가능하다. 거지는 살면서 자기가 만들어 온 상이 있기에 아무리 잘 입혀 놓아도 그 상에서 천박한 티가 드러나 신분을 감출 수 없기 때문이다.

인상(印象)

살면서 쌓아온 기운의 상은 얼굴에서 가장 극명하게 나타난다. 마흔이 넘으면 자기 인상(印象)에 책임을 져야 한다는 말도 있다. 인상이 좋은 사람은 평소 정신이 살아있고 성실하며 실력을 갖춘 사람일 경우가 많다. 그래서 가만히 미소만 짓고 있어도 주위 사람들이 그 기운을 느껴 먼저 다가온다. 반면에 인상이 안 좋은 사람은 성품이나 행실도 안 좋은 경우가 많고 주위 사람들에게도 호감을 주지 못한다.

그렇다면 교언영색으로 자신을 잘 숨기는 사기꾼은 어떨까? 사기꾼에겐 어쩔 수 없이 사기꾼의 상이 드러나는 법이다. 그런데도 사기를 당하는 사람들은 욕심에 눈이 멀어 그 상이 보이질 않기에 그렇다. 욕심 없는 사람의 맑은 눈엔 사기꾼의 상이 곧 드러나 보이니 사기꾼이 다가와 해를 끼칠수가 없다.

그렇다면 성형수술로 인상을 바꾸면 어떨까? 아무리 성형수술로 좋게 인상을 바꾸어도 내면의 생각과 기운이 바뀌지 않는 한 인상은 곧 다시 돌아오고 만다. 그러니 인상을 좋게 만들고 싶다면 좋은 생각을 하고 좋은 말을 자꾸 내야 한다. 그럴 때 내 몸에 익은 기운도 바뀌고 행동도 달라져 인상도 따라서 좋아지게 되는 것이다.

그래서 관상(觀相)보다는 인상(印象)이요 인상보다는 심상(心想)이라는 말도 있다. 모든 기운의 시작은 내면으로부터 시작되는 것이니 내면의 갖춤이 무엇보다 중요하다는 뜻이다.

무인의 상(像)

미국에서 이름만 대면 알만한 선배관장님이 계신다. 다른 주(州)로 출장을 가실 때마다 다른 무술 도장들은 무엇을 어떻게 가르치는지 정보를 수집할 요량으로 일부러 들러 보곤 하셨다고 한다. 그런데 어찌된 영문인지 아무것도 모르는 사람인 척 내숭을 떨어도 곧 낌새를 채고 경계를 하더라고 했다. 아무리 감추려 해도 '이 사람은 상당한 실력을 가진 무인이구나!' 하는 상이 비쳐나기 때문이다. 그렇게 매번 작전에 실패하자 나중엔 대신 부인을 들여보내 정보를 수집하셨다고 했다.

이렇듯 무인에겐 무인의 상이 비쳐나야 하지 않을까? 무예를 가르치는 사범이라면 말하지 않더라도 사람을 이끄는 지도자로서의 굳건하고 믿음직한 상이 느껴져야 한다. 잠깐의 대화 속에서도 '이 사람은 정직한 무인의 길을 걸어온 사람이겠구나.'하는 느낌을 줄 수 있다면 무인으로서 나름 보람 있는 삶을 살았다고 말할 수 있지 않을까.

7. 도복의 기운 The Energy of Clothes

유니폼이 주는 기운

한국을 떠난 지 오래돼서 요즘도 그런지는 모르겠지만 예전 예비군 훈련장 앞을 가보면 평소 양복을 잘 차려입고 점잖던 사람들도 군복만 입고나면 아무 곳에나 퍼져 앉아 소리를 지르거나 술에 취해 거리를 휘젓고 고성방가와 노상방뇨를 일삼곤 했다. 군복이 주는 편안함과 더불어 통일된 복장 뒤로 개체로서의 자신은 쉽게 숨길 수 있다는 장점 때문이었던 것 같다. 이렇게 옷은 어떻게 차려입느냐에 따라 입은 사람의 정신까지 바뀔 수 있다. 잘 갖춰 입은 옷은 입은 이의 자존감을 높여주고 몸 매무새를 단정하게 해주는 외에도 보는 이의 마음을 움직이는 기운까지 담겨진다.

그 예로 2차 세계대전 당시 연합군 병사들과 독일군 병사들의 군복을 볼 수 있다. 연합군 병사들은 색깔이며 디자인이 쭈글쭈글하고 볼품없는 군복을 입은데 비해 독일군들은 일개 사병에 이르기까지 지금도 유명한 '휴고 보스'라는 명품 남성복업체에서 제작한 군복을 지급 받았다. 물론 나치장교들의 군복은 한층 더 화려했다. 말쑥하게 잘 빠진 이 군복들은 진흙탕 싸움을 하러 가는 사람들의 복장이라고 보기엔 너무 우아할 정도였다.

이렇게 비싸고 잘 빠진 복장을 입은 독일병사들은 군복을 통해 특별한 사람이라는 정신개조를 당했던 것이다. 특별한 복장을 갖춰 입음으로서 선택된 군인이란 자존감을 심어주었고 적군에게는 결코 만만히 볼 수 없는 강한 상대로 인상을 심어 준 것이다. 그래서 2차 세계대전 개전 당시 독일군의 진군은 가히 질풍노도와 같았고 수용소에서 그처럼 무자비하게 사람들을 학살하면서도 양심의 가책을 전혀 받지 않았다고 한다.

현대사회에서도 군인, 경찰을 비롯해서 강한 협동심이 요구되는 조직에서는 멋지고 특별한 유니폼을 착용시켜 공동체의 일원임을 강조하는 동시에 임무와 직책에 대한 강한 사명감을 심어주고 있다. 그러니 편하다고 함부로 입어서는 안 될 것이 옷이다. 잘 갖춰 입은 옷은 입은 사람의 정신마저 개조하는 기운이 담기기 때문이다.

무인의 상징, 도복

옷이란 자신의 위치에서 할일을 바르게 하도록 기운을 더해 주는 도구이기도 하다. 대통령이 반바지 차림으로 정무를 본다거나 판사가 캠핑복장으로 법정에 선다면 누가 그들의 말을 듣겠는가? 그래서 공인이라면 항상 단정하고 권위 있게 복장을 착용해야 한다. 특히 무(武)를 통해 자신을 닦아가는 이라면 자신이 닦는 무예의 도복을 잘 갖춰 입는 것이 무엇보다 중요한 일이라 할 것이다.

'패션테러리스트'로 유명했던 나는 비싼 옷을 입어도 싼 걸로 보이고 제 옷을 입어도 남의 옷을 빌려 입은 것 같다는 평을 듣곤 했다. 그나마 입혀놓았을 때 가장 내 옷 같아 보이는 옷이 하나 있다는데 그것이 바로 도복이다. 아마도 평생을 입은 탓에 그나마 나와 가장 잘 어울리고 나라는 사람을 가장 잘 드러내 주기 때문인가 보다.

오래 전에 L.A에 정준 관장님께서 운영하시는 도장을 방문한 적이 있었다. 관장님은 차이나타운(원제: Ninja turf)이라는 추억의 액션영화로, 그 곳의 필립 리 사범님은 Best of the Best라는 영화로 유명한 분이다. 이 도장에서 내가 특별하게 감명 받은 것은 바로 유단자가 되어야만 입을 수 있는 검정도복이었다.

블랙벨트들은 다 깃이 **빳빳한** 검정 도복을 늘씬하게 차려 입고 있었는데 그 도장 제일 어른이신 정준 관장님은 겨드랑이가 다 터지고 소매까지 너덜너덜한 회색도복을 입고 계셨다.처음엔 새까만 검정도복이었지만 색이 바래 희멀건한 회색이 된 것이다.

도복재질이 매우 두꺼운 천이었건만 닳고 달아서인지 그 유연한 몸동작을 담아내기에 더없이 부드럽고 편해 보였다. 그러면서도 동작마다 바람을 가르는 소리가 묵직하게 울려 나오는 그 도복이 너무 탐이 났다. 그 도장에선 색 바랜 도복을 입을수록 고단자이고 넘어 설 수 없는 경지에 오른 이로 존경을 받았다. 땀 흘린 오랜 경륜 없이 이런 도복은 입을 수가 없기에 보는 이의 고개가 절로 숙여질 수밖에 없었다.

도복이 주는 기운

초보 수련생들에게는 아무리 멋진 도복을 입혀 놓아 본들 어딘가 어색하기 마련이다. 그 사람의 기운과 도복의 기운이 맞지를 않기 때문이다. 하지만 땀에 젖어 색이 허옇게 바라고 여기저기 툭 터진 허름한 도복을 입은 분들을 보면 어찌된 일인지 푹 고아낸 곰국처럼 깊은 품위가 느껴진다. 입은 이의 오랜 수련의 세월이 도복 깊이 배여있기 때문이다.

이처럼 우리에게 도복은 정신과 육체를 다잡는 중요한 수련도구이기에 항상 빈틈없이 입어야 한다. 그간 닦은 진심어린 수련의 결과가 도복을 통해 드러나기 때문이다.

그런데 미국 태권도 경기장에 가보면 출전을 기다리며 띠도 매지 않은 채 도복을 입고 슬리퍼를 끌고 다니거나 도복 바지를 무릎까지 걷어 부친 채 발차기를 하는 선수들을 본다. 경기에 나서기 전에 자신이 닦는 무예와 도장이름을 새긴 도복을 정갈하게 잦갖우어 입었는지 먼저 살펴보아야 하지 않나 싶어 아쉬울 때가 있다.

옷과 기운의 척도

그리고 도복은 수련을 위해 입는 옷이니 수련을 벗어난 시간과 장소에선 정갈하고 단정한 복장으로 갈아 입어야 한다. 특히, 지도자라면 나를 위해서가 아니라 수련생들을 위해서 옷을 갖춰 입을 줄도 알아야 한다. 수련생들과 길에서 우연히 마주치더라도 그들에게 부끄럽지 않게 반듯하게 의복을 갖추는 것도 윗사람으로서의 예의가 아닐까 싶다.

옷이란 사람의 손을 거쳐 만들어지기 때문에 그 자체로 만든 이의 기운이 담기기 마련이다. 그래서 큰 정성 들이지 않고 대충 만든 싸구려 옷은 입어도 별 품위가 나지 않고 그나마 한 번 빨고 나면 금방 헌 옷처럼 보인다. 이런 옷을 입으면 아무 곳이나 주저앉게 되고 행동도 단정하질 않게 된다.

반면에 한 땀 한 땀 정성을 다해 만든 옷이라면 비쌀 수밖에 없고 그만큼 입었을 때 기분도 좋다. 이런 옷을 입으면 자연 마음가짐도 조심스러워지고 행동도 품위 있어지니 대하는 사람마다 공손하고 조심스러워 하는 것을 느낄 수가 있다.

하지만 비싸다고 다 좋은 옷은 아니다. 아무리 비싼 옷이라도 자꾸 입어서 나와 기운이 맞을 때 내 옷이 되고 그 값을 하는 법이다. 비싸고 좋은 옷도 어쩌다가 한 번 입던지, 아니면 그 옷에 맞는 내 기운과 자격을 갖추지 못했다면 마치 남의 옷을 빌려 입은 것처럼 우스꽝스런 꼴로 보이게 될 터이니 말이다.

옷은 현재 나의 기운 상태를 가장 잘 드러내 주는 척도이기도 하다. 내 기운이 자꾸 가라앉고 탁하다면 왠지 모르게 우중충한 색깔의 옷들만 주워 입게 되고 내 기운이 맑고 상승하고 있다면 나도 모르게 밝은 색깔의 옷들을 입고 다니게 된다. 한창 인기 있는 연예인들의 옷차림을 보라. 밝고 화사한 옷, 시크한 새 옷들이다. 우중충한 옷, 때 지난 옷을 입고 다녀서는 사람의 기운을 끌어당길 수가 없어 인기를 끌 수도 없다.

예전엔 도복 하나로 평생을 살아갈 정도로 한 도복만을 고집했지만 요즘은 다양한 색상과 스타일의 도복들이 많이 개발되어있다. 그러니 개성에 맞게 밝은 색과 산뜻한 스타일의 도복으로 변화를 주어 보는 것도 새로운 기운을 불러들이는 좋은 시도가 될 것 같다.

8. 혼이 깃든 명검(名劍) The Sword Imbued the Spirit

어깨너머 곁눈질

친구 하나가 산중에서 무예를 닦는 한 암자를 방문했을 때였다. 때마침 우리나라 전통 명검을 보러 오신 일본인 교수 한 분이 계셨다. 덕분에 명검을 직접 볼 기회가 생긴 것이다.

방문객 앞에 두 개의 검이 나란히 놓였는데 첫 번째 검을 뽑자 잘 빠진 검신(劍身)에서 흰 빛이 쏟아져 나왔다고 한다. 친구가 과연 명검이구나 싶어 감탄을 하려는데 별안간, "이건 시중에서 백 여 만원에 판매되는 것인데 이런 건 칼도 아냐!" 하면서 던져 버리더라는 게 아닌가?

그러더니 진짜 검을 보여주겠노라며 뱀가죽으로 싸인 낡은 검집에서 검을 쑥 뽑아 드는데 아무런 광채도 없고 그저 까만 쇠막대기처럼 보였다고 한다. 친구는 저게 뭔가 싶어 실망이 드는데 일본인 교수는 조심스레 검을 받아들고는 과연 진정한 명검을 보았노라고 연신 감탄을 하더란다.

그 검은 고려시대 어느 왕이 큰 무공을 세운 장수에게 상으로 내렸던 검인데 검을 만든 장인(匠人)이 자신의 손가락 하나를 잘라 용광로에 녹여 부어 만들었다고 한다. 장인이 자신의 손가락을 잘라 넣을 정도라니 생애에 다시없을 검이라는 뜻일 것이다. 반짝인다고 다 금이 아니듯 광채만 풍긴다고 명검은 아니었던 것이다.

나 역시 검을 좋아해 도검(刀劍) 장인을 찾아다니던 때가 있었다. 그 때 들은 애기로는 칼의 색깔은 철의 성분에 따라 다를 뿐 날카롭기 위해서 꼭 번뜩여야 할 필요는 없다고 했다. 그리고 칼의 무게만으로 물체가 잘려나가야지 힘을 주어 베어야 한다면 이미 좋은 칼은 아니라고 했다. 또한 칼날과 칼날이 부딪혀 싸울 때 칼날의 이가 깨끗하게 깨져 나가는 쪽이 좋은 칼이라고 했다. 이렇게 되면 날이 깨진 부분에도 예리함이 남아 계속 물체를 베어나갈 수 있지만 싸구려 검은 날이 깨지는 것이 아니라 움푹 찌그러져 물체를 벨 때마다 찌그러진 날부분이 걸려 베기가 힘들어 진다고 했다.

명검의 특징

오래 전 존재했다던 동서양의 명검들은 그 이름과 더불어 기묘한 탄생신화 그리고 엄청난 공력을 발휘했다는 전설이 전해져 내려오고 있다. 그 전설들을 추슬러 보면 명검들의 몇 가지 공통점을 찾을 수 있다.

첫째, 옥석(玉石)을 진흙처럼 자르고 철판을 종잇장처럼 뚫는다. 고온의 가마에서 최고 순도 의 철을 벼리어 내고 그것을 다시 불에 달구어 접고 내려치고 또 접고 내려치는 극한의 연단을 통해 수백 만 겹의 결을 지닌 하나의 날로 완성될 때 절삭력과 강도가 극에 이르러 이런 놀라운 힘을 발휘했다고 한다.

둘째, 휘어지되 꺾이지는 않는다. 강(强)하기만 하면 부러지기 쉽고, 유연하기만 하면 휘어지고 만다. 그래서 명검을 만들 때는 강한 쇠와 유연한 쇠 그리고 중간 강도의 쇠들을 감싸고 겹치고 두드려 하나로 만드는 합금방식이 적용되곤 했다.

우리가 흔히 아는 일본도 역시 단순히 한 가지 철을 두드려 만드는 것이 아니라 물체를 끊고 베는 중심부의 칼날은 극강의 쇠로 만들고 그 칼날을 감싸는 부분은 부드러운 쇠로 대고 칼등은 다시 중간 강도의 쇠로 덧대는 등 서로 다른 강도를 가진 쇠들을 조합해 겹쳐 만드는 방식을 주로 쓴다.

중국 역시 오합금(五合金)이라 하여 강도가 서로 다른 다섯 가지 쇠들을 겹치고 접어 때려 검을 만들었다고 한다. 이 오합금 방식을 통해 만들어진 검날의 깎여진 옆면을 빛에 비춰보면 저마다 빛을 반사하는 각도가 틀린 금속들로 인해 빛이 사방으로 부서지듯 반사돼 마치 스스로 광채가 나는 것처럼 보여 속칭 광검(光劍)이라고도 불렀다.

이렇게 휘어져야 할 땐 휘어지고 버텨야 할 땐 버텨내는 강(剛)과 유(柔)를 동시에 지녀 도저히 꺾을 수 없는 검이 바로 명검인 것이다. 우리가 쓰는 말 중에 금강(金剛)이란 단어가 있다. 흔히들 몹시 단단한 물건을 일컫는 줄 아는데 사실은 강과 유를 동시에 지녀 부서지지도 않고 꺾이지도 않아 절대 깨뜨릴 수 없는 물건을 일러 금강(金剛)이라 하는 것이다.

셋째, 떨어지는 머리카락을 소리없이 둘로 가른다. 머리카락의 작은 무게만으로도 잘린다는 것은 예리함의 극치를 말한다. 이런 칼날이 긋고 지나가는 길을 막아선 물체라면 베는 소리도 없이 단박에 두 동강이 나고 만다.

날이 무딘 검으로 대나무를 쳐보면 알겠지만 소음만 크게 나고 부서져 나갈 뿐 잘 베어지지 않는다. 날의 단면적이 넓어 저항도 그만큼 커지기 때문이다. 하지만 극도로 예리한 검은 대나무와 닿는 표면적이 미소해 소리도 없이 가르고 지나간다.

이런 예리하고 강인한 검을 가지면 빽빽이 막아선 적군을 풀잎 헤치듯 나아갈뿐 피곤함을 느끼지 않을 터이니 전장에 선 장수(將帥)라면 누구나 애타게 찾던 최강의 무기였던 것이다.

넷째, 사람을 베도 피가 묻지 않는다. 오늘에서야 우리는 나노기술(Nano Technology)을 적용해 아주 매끈하게 표면처리가 된 제품들을 생산할 수 있게 되었다. 이런 제품에는 진흙이나 페인트를 부어도 묻지 않고 그대로 씻겨나가 버린다. 그런데 그 옛날 오직

수공(手工)만으로 21세기에서나 실현된 초정밀 표면처리를 해냈다니 놀라운 일이 아닐 수 없다.

정교하고 아름다우면서도 극강(極强)한 검, 오랜 세월을 넘어서도 장인의 뜨거운 혼이 담겨있는 이런 검이라면 누구나 하나 쯤 갖고 싶은 마음은 당연할 것이다.

하지만 세상 물건은 만드는 사람 따로 있고 쓰는 사람이 따로 있다. 검을 만드는 장인은 평생 검만 만들다가 죽을 뿐 정작 그 검을 쓰는 이들은 무사들이다. 고려청자에 이조백자라 해도 술이나 담아먹고 국이나 말아먹고 만다면 이는 천한 그릇이 된다.

그러니 비록 천하의 명검일지라도 쓰는 사람의 생각과 갖춤 정도에 따라 세상을 구하는 도구가 되기도 하고 한낱 사람을 베는 흉기가 되기도 한다. 우리가 닦는 무예가 바로 그러하다. 누가 어떻게 쓰느냐에 따라서 세상을 지키는 무(武)가 되기도 하고 세상을 어지럽히는 폭(暴)이 되기도 한다.

잘못 사용된 무예

어느 날인가 TV 뉴스를 보고 정신이 아득했던 적이 있다. 할리우드 영화에 자주 등장해 꽤나 알려진 액션배우가 있었는데 태권도, 유도, 가라데, 권투 등 자신이 배운 모든 무술을 망라해 자신만의 유파를 세우기도 했던 사람이다. 그런 사람이 폭행치사죄로 체포되었다는 보도였다. 그리고 유도 유단자인 건장한 사내가 부부싸움 끝에 아내를 조르기 기술로 황천길로 보내버렸다는 보도도 있었다. 한국에선 길가다 시비가 붙자 가지고 있던 검으로 사람을 베고 달아난 검도인의 기사도 있었다. 아마 각 무술 문파마다 이런 숨기고픈 기사 한 두개쯤은 있을 것이다.

그런데 진짜 문제는 이런 대형 사고를 친 사람들이 초보 수련생이 아니라 무예 고단자라는 점이다. 태권도를 비롯한 무술단체마다 자신들의 무예를 연마하면 인성이 밝아진다고들을 힘주어 외친다. 하지만 정말 그런가? 무예 수련만 열심히 하고 고단자가 되었다고 인성이 자연히 좋아질 수 있는 것인가?

그것은 아닐 것이다. 무예(武藝)수련을 방편으로 그 안에서 나를 낮추는 겸손함을 배우고, 상대를 존중할 줄 아는 마음을 배우며, 이웃을 생각하고, 나라를 생각하며 더 나아가 인류를 위해 무엇을 할 것인가를 생각하는 사람이 될 때 비로소 고고한 인성의 길로 접어드는 것이 아니겠는가.

현대사회에서 무예란 자신을 닦는 도구로서 더욱 중요한 역할을 하고 있다. 이런 시대에 무예를 저보다 약한 이를 억압하는 방편으로 사용하려는 우를 범해선 안 될 것이다.

우리에겐 무예라는 숫돌이 주어져 있다. 이 숫돌에 무딘 쇠막대기

같은 나를 갈아 광채를 내고 날을 잡아 세워야 한다. 이로서 사(邪)를 베고 정(正)을 세워 세상을 바로 잡는 천하의 명검으로 거듭나야 한다.

9. 칠전팔기(七顚八起) 거미줄 The Spider Web of Indomitable Spirit

칠전팔기(七顚八起)

옛날 옛적 전투에 패해 쫓기던 장수 하나가 조그만 굴에 몸을 숨겼다. 간신히 비집고 앉은 굴 입구에 거미 하나가 줄을 쳤다. 처량한 신세를 한탄하며 아무 생각 없이 거미줄을 손으로 흩어버렸는데 거미는 다시 줄을 치기 시작했다. 거미가 줄을 다 치자 아무 생각 없이 다시 흩어버렸는데도 거미는 포기하지 않고 또 줄을 치고 말았다.

'이젠 하찮은 미물까지 나를 무시하는구나!' 괘씸한 마음에 그렇게 다 만든 거미줄을 일곱 번이나 흩어 버렸는데도 거미는 묵묵히 여덟 번째 거미줄을 치더란다.

'이런 답답한 놈이 있나? 이쯤하면 포기할 일이지!'하며 거미의 우둔함을 탓하던 순간 갑자기 적병의 수색대가 굴 입구에 들이 닥쳤다. 이젠 꼼짝없이 죽었구나 싶어 몸을 납작 엎드린 채 숨을 죽이고 있자니 노련한 적 병사 하나가 거미줄로 입구가 막힌 것을 보니 아무도 안에 들어가지 않았을 것이라며 동료들을 이끌고 돌아서 버렸다.

자연 상태의 거미줄은 강한 비바람에도 잘 끊어지지 않는다. 그래서 지금도 군대에선 적병을 추격할 땐 거미줄이 끊어진 것을 보면 그 곳을 따라 추격을 하고 거미줄이 멀쩡한 곳은 빠르게 통과하도록 훈련을 받는다.

포기하지 않는 거미의 불굴의 정신에 구사일생으로 목숨을 건지고 큰 깨달음을 얻은 장수는 나중에 재기하여 큰 공을 세웠다고 한다. 여러 번의 실패에도 굴하지 않고 끝까지 노력하여 이루고 만다는 칠전팔기의 고사성어가 바로 이 거미줄에서 유래한 것이다.

백절불굴

새로 이사간 도장 구석 바닥에 손바닥만한 거미줄이 쳐져 있었다. 솜씨 없는 목수가 마지못해 지은 집처럼 얼기설기 줄 몇 개 그어 놓은 것이 전부였다. 그나마 게으른 목수는 어디갔는지 보이지도 않았다. '그렇게 게을러서 먹고는 살겠냐?' 훈수를 두며 거미줄을 발로 밀어버렸다. 그런데 다음 날 같은 자리에 똑같은 모양의 거미줄이 쳐 있었다. '어제 그 놈이네.' 아무 생각 없이 또 발로 밀어 흩어 버렸다. 그런데 다음 날도 같은 자리에 똑같은 모양의 거미줄이 걸려 있었다. '야, 이 놈 고집 있네.' 남의 집에 세 들어 살기는 마찬가지인지라 좀 야박한가도 싶긴 했지만 난 매일 한 뼘도 안 되는 거미줄을 볼 때마다 발로 걷어냈다.

하지만 아무리 철거작업을 해도 다음 날이면 무허가 건축물이 버젓이 신축되었다. '어쭈, 이놈 봐라?' 언제부터인가는 오기가 발동해서 도장에 오면 그 거미줄부터 발로 차 밀어버리는 것으로 하루를 시작했다. 반복되는 일상의 단조로움은 곧 잊혀지는 법. 나는 걷어 내고 제 놈은 다시 치고 그렇게 무덤덤하게 날이 갔다.

그러던 어느 날 깜짝 놀라 정신이 확 들었다. '아니, 벌써 3년째다!' 지난 3년 동안 나는 거미줄을 발로 지우고 제 놈은 새로 치는 작업을 해 왔던 것이다. 깨알만한 거미 한마리가 그리 오래 살 수 있나? 아닐 것이다. 그 거미줄은 내가 이사 오기 전부터 있었으니 아마 할아버지 거미가 아들을 낳고 그 아들이 다시 손자를 낳아 대물림으로 그자리에 거미줄을 쳐왔는가 보다. 그렇다면 우리 도장 거미들은 7전8기가 아니라 999전 1000기가 넘기 노력의 대가라는 말이다!

하찮은 미물일지라도 마음만 고쳐먹고 보면 배울 점이 엄청나게 많다. 자연을 순환시키기 위해 하늘이 맡겨 준 그 일을 묵묵히 해나가는 그 성실함, 이는 사람이 보고 꼭 배워야할 교훈이다.

노력의 공답

살다보면 앞뒤가 꽉 막혀 모든 것을 포기하고만 싶은 상황을 만나곤 한다. 그런데 시간이 지나고 보면 극적으로 그런 상황을 벗어나곤 했다. 그래서 무슨 일이든 조급하게 포기 해버리면 안 된다. 위대한 작품은 하루아침에 이루어지지 않았으며 역사에 남은 인물들은 일생의 고난 속에서도 포기하지 않고 노력한 끝에 뜻을 이루어 내지 않았던가? 세상 어떤 일이든 고비를 넘겨야 이룰 수 있는 법이다. 마음이 급해서는 어떠한 작품도 완성시킬 수 없다. 고비를 넘기지 않고는 이룰 수 있는 일이 많지 않기에 우리는 항상 노력과 성실이라는 단어를 가슴 깊이 품고 살아야 하는 것이다.

그 간 우리가 경험했던 실패라는 것도 노력의 정도와 끈기가 깊질 못해 끝까지 밀고 나가지를 못해서 일어났던 일인지 모른다. '정말 이 일을 하려는가? 마음은 정했는가? 어려움을 이겨낼 각오는 되었는가?'하늘이 물을 때 내가 먼저 지쳐 포기한다면 할 수 없지만 마지막까지 최선을 다해 노력하면 좋은 기회는 꼭 온다고 믿는다.

10. 호위무사(護衛武士)의 의리 The Loyalty of the Safe Escort

영화 보기

얼마 전까지만 해도 숨 막히는 액션 가득한 헐리우드 영화들을 좋아했었지만 별 내용도 없이 그저 세상을 다 때려 부수기만 하는 영화들에 점차 식상해져가고 있다.

그래서 요즘은 한국영화들을 더 즐겨본다. 많은 중 <광해>라는 영화가 기억에 남았다. 신들린 주인공의 연기며 짜임새 있는 스토리도 좋았지만 영화를 보고 나서 정작 내 가슴에 남은 것은 주인공이 아닌 임금 곁을 지키던 조역 '호위무사'였다.

호위무사의 의리

이 영화 마지막엔 자기가 섬겨야 할 진짜 임금이 아님을 알고도 가짜 임금을 위해 목숨을 버리는 호위무사의 최후 장면이 등장한다. 여타 무협영화처럼 현란하게 날아다니며 싸우는 검술을 보여준 것도 아니고 이렇다 할 액션도 없었건만 유독 이 장면이 내 마음을 흔들었다. 일고의 가치도 없는 임금 대역(代役) 광대를 위해 왕을 지키는 일국 최고의 무사가 목숨을 내 놓다니....... 그 장면에서 뭔가 울컥하며 목이 메었다.

가만 생각해 보면 호위무사였던 그는 한낱 왕의 곁을 지키는 도구였을 뿐 누구도 그를 알아주는 사람이 없었다. 남들처럼 권모술수를 부려가며 권력을 차지할 욕심도 없었고, 피비린내 숨긴 정치에도 관심 없었다. 그저 자기에게 맡겨진 임무에 목숨을 다하는 충직한 무사(武士)였을 뿐이다. 그런 무사를 임금이라는 자조차 적들에게서 자기를 보호할 소모품으로만 알았지 그 마음을 보듬어 준 적이 한 번도 없었던 것이다.

그런데 비록 가짜 임금이었지만 광대가 임금의 자리에 있을 때 호위무사를 자기 목숨같이 아껴 준 것에 감동을 받았다. 그 광대야말로 충직하기만 했던 무사를 알아 준 유일한 사람이었던 것이다. 그래서 무사에게는 그 광대야말로 의리를 지킬 수밖에 없는 진짜 임금이었던 것이다.

옛말에도 여자는 자기를 알아주는 사람을 위해 단장을 하고 남자는 자기를 알아주는 사람을 위해 목숨을 바친다 하지 않았던가? 이렇듯 자기를 알아주는 사람을 위해서라면 목숨을 버려가며 의리를 지킬 줄 아는 사람, 의리라는 단어만으로도 피가 끓고 심장이 뛰는 맑은 영혼의 소유자가 바로 우리 무인(武人)들이 아닐까?

풀을 엮어 은혜를 갚다.

둑방 옆의 작은 풀밭이 드넓은 초원으로 보이던 어린 시절, 막대기 하나 빗겨차고 건너 동네 아이들과 결사항전을 벌이던 때가 있었다.

하루는 우리가 공격할 것을 뻔히 알면서도 건너 동네 아이들이 둑방 한 편의 풀밭을 내주었다. 무주공산의 기회라 여겨 달려들었지만 어찌된 영문인지 무언가 발목이 걸려 호되게 엎어지고 말았다. 나중에 보니 건너 동네 아이들이 긴 풀을 서로 잡아 묶어 놓은 장애물랩 때문이었다. 무성한 잡초들 사이에 얽어 놓은 풀들은 쉽게 눈에 띄지도 않았고 대지를 잔뜩 움켜쥔 질긴 뿌리 덕에 웬만한 힘으로는 끊어지지도 않았다. 그것이 결초보은이란 고사에서 유래된 작전이었음은 커서야 알게 되었다.

진나라 때 '위과'라는 장수의 임종을 앞 둔 고령의 아버지가 '내가 죽으면 아끼던 젊은 첩도 함께 묻어 순장(殉葬)시키라.'고 유언을 했다. 하지만 위과는 아버지의 정신이 혼미한 상태에서 하신 말씀이라 이치에 맞지 않는다고 여겨 그 첩을 새로운 곳으로 개가(改嫁)시켜 살게 해주었다.

그 뒤 전장에 나가 전투를 치르던 중 열세에 몰려 패색이 짙어가던 찰라, 한 늙은이가 나타나 곧 전투가 벌어질 초원에 쭈그리고 앉아 풀들을 잡아 서로 엮더란다. 그것을 모르고 달려들던 적장의 말이 걸려 넘어지는 바람에 쉽게 적장을 사로잡고 전쟁에서도 이겨 큰 공을 세우게 되었다.

그 날 밤 위과의 꿈에 늙은이가 나타나 자신이 바로 위과가 살려준 젊은 첩의 아버지인데 죽어서도 딸을 살려준 그 고마움을 잊지 못해 풀을 엮어 은혜를 갚았다고 했다. 이것이 결초보은(結草報恩)의 고사다. 이처럼 상대의 마음에 깊은 감동을 주면 죽어서도 그

고마움을 잊지 못해 의리를 갚는 것이 바로 인간이 아니겠는가.

의리의 근본

삶과 죽음의 경계를 누비며 풍전등화의 위기에서 백성을 지켜내던 무인들에게 의리란 서로에게 목을 내어 맡길 만큼 가장 강력하고 든든한 무기였다. 그런 의리를 논할 만한 그런 친구 하나 있다면 세상 사는데 더 없는 축복이 아닐까 싶다.

그런데 주위에서 "잘해줘 봐야 소용없다.", "필요할 땐 달라붙더니 배부르니 떠나더라." 등의 말을 자주 듣곤 한다. 흔히 좋았던 의리가 깨어지는 것은 사소한 일로부터 시작된다. 작은 일에 섭섭해서 마음의 문을 닫아 버리면 상대와 소통이 안 돼 관계는 끊어지고 만다. 믿었던 사람에게 상처를 입고 나면 무척 속이 상하겠지만 행여 내가 해 준 것은 작으면서 바라는 것은 크지 않았나를 돌아보아야 한다. 만약 그랬다면 그 욕심의 차이만큼 섭섭한 짓을 당하는 것이다. 그러니 누군가 내게 의리를 지키길 원한다면 당연히 나도 그를 위해 의리를 지켜 목숨이라도 기꺼이 내놓을 수 있는 자세가 되어야 하지 않겠는가?

이 시대의 호위무사들

우리 주위를 둘러보면 날선 검은 빗겨 차지 않았지만 그 마음만큼은 어느 호위무사 못지않은 분들이 있다. 곤하게 잠든 자식의 머릿결을 쓰다듬으며 주저앉고 싶은 몸과 마음을 추슬러 일으키는 이 시대의 부모들이 바로 그 호위무사들이다. 사랑스런 가족을 지키기 위해 직장이라는 전쟁터에서 묵묵히 하루하루를 버텨나가는 가장들이 바로 호위무사들이다. 살아서 거룩한 희생을 하고, 죽어서도 영예를 바라지 않는 가장 순수한 호위무사들이 바로 이들이다.

굵게 내리던 빗줄기가 멎어 고요한 밤. 오늘 난 누구에게 의리를 지키며 살아가고 있는가? 의리라는 단어에 피가 끓고, 숭고한 희생에 목이 메는, 순수의 검을 품고 이 시대를 지켜 가는 호위무사들을 만나고 싶다.

11. 달인(達人)의 경지 The Level of a Cultivated Expert

애틀랜타 신발수선공

모처럼 아내와 함께 애틀랜타에 일을 보러 갔는데 갑자기 아내의 구두 뒤 굽이 떨어져 나갔다. 마침 가까운 곳에 구두수선점이 있길래 찾아갔더니 낡은 간판하나 달랑 달려있는 작은 가게였다.

대충 접착제만 발라주겠거니 했는데 그게 아니었다. 신발 바닥을 갈고 떨어진 부분을 재서 오려 붙이고 다시 갈고 접착제로 꼼꼼히 붙이고 못을 박고 좌우 높이를 맞춰 다시 갈고 반짝반짝 광까지 나게 닦아주었다. 꼼꼼한 손놀림이며 진지한 눈빛만으로도 예사롭지 않은 분이었다.

요즘에도 떨어진 신발을 고쳐 신는 사람들이 있냐고 물었더니 싸구려 신발부터 1000불($)이 넘는 명품신발까지 다양하게 들어온다고 했다. 수선을 기다리는 한 명품신발을 보니 겉은 멀쩡한데 바닥이 너덜너덜했다. 이런 비싼 신발이 이렇게 약해도 되냐고 묻자 사실은 명품회사들이 일부러 신발바닥을 오일이나 휘발유에 닿으면 빠르게 삭아버리는 재질로 만든다고 했다. 명품이라고 아껴 오래 신으면 손해라 그런다는 것이다. 빨리 떨어져야 다음 신발을 구매할 것이 아닌가? 이런 상술에 부흥해 수리가 들어온 신발에 싸구려 재료로 대충 고쳐서 내주는 수선점들도 있다고 했다. 그래야 손님 회전률도 높아지기 때문이다.

하지만 이 분은 최고의 재료들로 최선을 다해 수선을 한다고 했다. 병신이 되어 들어온 신발이 새신이 되어 나가는 것을 보면 재미있고 손님들이 발에 딱 맞게 고쳐진 신발을 신고 좋아하는 것을 보면

보람도 느낀다고 했다. 그래선지 도통 일감없어 걱정해 본적이 없다고
했다. 진실한 덕에 복을 받은 사람이었다.

그는 또 관상가처럼 신발만 딱 봐도 신발 뒤에 감추어진 그 주인의
삶까지 읽어낼 수 있다고 했다. 한마디로 신발이라면 달인(達人)의
경지에 오른 것 이다. 그의 안목을 빌어 진열장에 놓인 신발들을 보니
구두약 손에 묻히기 싫어 남 시켜 닦게 하는 명품귀족들로부터
너덜거리는 신발에서 삶의 고단함이 그대로 묻어나는 일반 서민들의
삶까지 조금은 들여다보이는 듯했다.

생활 속의 달인

인터넷에서 달인들을 소개하는 쇼를 보곤 한다. 과일 빨리 깎기 달인, 빵만두 빨리 만들기 달인, 한 번에 음식배달 많이 하기 달인 등등, 사람이 어쩌면 저럴 수 있나 싶어 감탄이 절로 나온다. 그런데 정작 본인들은 그 재주들을 대수롭게 여기지 않는다. 끊임없이 반복되는 일 가운데 그저 익혀진 것일 뿐이란다. 그런 말 속에서 왠지 모를 안쓰러움이 묻어났다.

그 점은 우리 사범들도 마찬가지가 아닐까. 시범을 나가 몸을 날려 차는 공중 격파나 벽돌, 블록, 각목 등 건축자재로나 쓰일 물건들을 격파하는 시범을 보이곤 한다. 우리야 맨날 하는 짓이니 별 것 아니지만 관객들은 환호를 한다. 시범이 끝나기가 무섭게 부서진 격파물 한 조각이라도 집어가려고 달려드는 관객도 있고 "How can you do that?(어떻게 그런 게 가능해요?)"라며 경외에 찬 눈으로 질문을 던지는 이들도 많다. 이렇게 보면 우리도 보통 사람들의 눈엔 달인의 경지에 오른 사람들이 아니겠는가?

재주로 치자면 서커스에서 선보이는 곡예의 달인들을 따라가기 힘들다. 안전장비도 없이 공중을 날아다니는 곡예사들의 가슴 철렁한 묘기에 관객들은 탄성을 자아내고 쇼가 진행되는 동안 남녀노소 할 것 없이 희색이 만발하다. 하지만 쇼가 끝난 순간 관객들은 미련 없이 자리를 뜨고 만다.

쇼가 끝났는데도 남아 빈무대를 지키거나 그들을 '존경'한 나머지 그들을 따라 곡예사가 되고 싶은 사람은 없다. 관객 입장에선 돈을 내고 박수 쳐주고 '칭찬'을 해주었으니 그것으로 자기 할 일은 끝났기 때문이다. 관객 떠난 빈 자린엔 쓰레기만 가득하고 쇼가 끝난 무대는 쓸쓸하고 어둡다.

칭찬받는 사범, 존경받는 사범

'칭찬'이란 윗사람이 아랫사람에게 내리는 기운이고 '존경'은 아랫사람이 윗사람에게 올리는 기운을 말한다. 그래서 아랫사람이 잘한 일이 있다면 칭찬을 하지 존경을 하진 않는다. 반대로 윗사람이 잘한 일이 있다면 당연히 존경을 하지 칭찬을 하진 않는다. 그러니 주위사람들에게 칭찬을 받는다는 것은 아직은 아랫사람이라는 뜻인 것이다.

우리에겐 무예에 대한 남다른 재주와 전문지식이 있다. 그래서 그것을 배우고픈 사람들이 찾아 온다. 그런 우리가 수련생들로부터 '존경'을 얻고 있는가? 아니면 칭찬을 받고 있는가? 많은 사범들이 "나는 수련생들에게 존경을 받고 있다."고 믿는다. 하지만 혹시 수련생들이 내 재주를 보고 해주는 칭찬을 존경으로 오해하고 있는 것은 아닌가?

존경은 바란다고 구할 수 있는 것이 아니다. 성심을 다해 수련생을 위해 살아갈 때 수련생들이 자발적으로 올려 전해주는 기운이기 때문이다. 나에게 존경받을 만한 실력이 없다고 한탄만 할 것도 아니다. 정성이 바로 실력이다. 참되고 성실하면 그것이 곧 실력이 된다. 지극한 정성을 가지고 수련생들을 이끌어 간다면 누구나 존경받는 사범이 될 수 있다고 생각한다.

12. 말의 힘 The Power of the Word

말, 실질적인 에너지

사람의 말은 세상을 바꾸는 실질적인 에너지다. 정치인, 기업인, 지식인, 연예인 등 사회적으로 영향력이 대단한 사람들의 말에 따라 사회의 흐름이 바뀐다. 태산을 움직인다는 장군의 명령도 말로 떨어질 때 비로소 그 힘이 나온다. 역사를 바꾼 위대한 철학자, 사상가들도 말로 세상을 바꾸어 냈다. 세상은 힘이 센 사람이 다스리는 것이 아니라 말 잘하는 사람이 다스린다.

그래서 우리가 하는 말은 입 밖에 내면 그냥 땅에 떨어져 사라지지 않고 허공에 사무쳐 세상에 떠도는 바람, 구름, 별의 기운에도 영향을 주다가 때가 되면 되돌아 온다고 한다.

"난 못해, 난 절대 안 돼!"라고 계속 죽는 소릴 하면 될 일도 되지 않고 "그래, 난 할 수 있어!"라고 긍정적인 말을 되뇌이면 안 될 일도 된다는 것도 바로 이 때문이다.

가끔 친구 사범들에게 "힘들다면서 왜 도장을 계속 하는가?"하고 물어볼 때가 있다. 그러면 "먹고는 살아야지."라는 답이 돌아온다. 생각 없이 뱉은 그 말이 정답이다. 이런 대답이 나온다는 것은 평소에 그 이상의 생각은 하질 않았다는 뜻이다. 그러면 아무리 뛰어도 딱 먹고 살 만큼 밖에 돈이 안 들어오고 행여 돈 좀 벌었다 싶으면 웬 생각지도 못한 일이 터져 걷어간다. 내가 했던 말들이 돌아와 나를 치는 것이다.

그러니 우리는 아무리 힘들어도 '먹고 살기 위해, 혹은 다른 선택이 없어서 할 수 없이 이 길을 간다는 말은 절대 입 밖으로 내면 안 된다. 평소 어떤 말을 했느냐가 바로 오늘의 나를 만들고 내일의 나를 만들기 때문이다.

말이 갖는 물리적 힘

말이 갖는 물리적인 힘을 확인해 본 TV 프로그램을 본적이 있다. 잘 지은 하얀 밥을 유리병에 담아 미운 말, 독기서린 말을 잔뜩 하고 뚜껑을 덮어놓고 일주일 후에 보니 새까맣게 곰팡이가 피었고 반대로 사랑스런 말을 많이 해주고 뚜껑을 덮어 놓은 밥은 일주일 후에도 뽀얗고 보기 좋은 상태로 남아있었다.

외국 어느 공원에도 예수의 12제자 이름을 단 나무들을 심어 놓았는데 그 중 유독 한 나무만 매번 말라 죽었다고 한다. 그 나무 이름은 무엇이었을까? 스승인 예수를 은 30냥에 팔았다는 가롯 유다였다. 행인들이 지나가며 뱉은 독한 말의 기운에 견디지 못하고 매번 말라죽은 것이다.

이처럼 말의 에너지는 매우 크기 때문에 말 한마디로 남의 인생을 망칠수도 있다. 인터넷에 달리는 악성 댓글들은 이런 말의 힘을 여실히 보여준다. 특정인에게 지독한 모멸감을 안겨주어 사회적으로 소외시키고 궁지로 몰아넣어 마침내 자살로까지 몰고 가는 경우도 종종 있지 않던가?

이처럼 육체의 상처 보다 마음을 할퀴고 간 말의 상처가 더 아프다. 치유하기도 어렵고 잘 잊고 살다가도 한 번씩 기억의 수면 위로 튀어 올라와 온통 가슴을 헤집어 놓기 때문이다.

사람을 이끄는 말

흔히 태권도나 무예수련을 하고나면 인격이 완성되어진다고 하는데 과연 그럴까? 그렇다면 세계 챔피언이나 폴프로가 된 선수들은 인간완성에 더 가까워져 있을까? 난 아니라고 생각한다. 태권도 수련이 사람을 바꾸는 것이 아니라 태권도를 가르치는 사범의 '말'이 사람을 바꾸는 것이라 믿는다.

학창시절을 돌아봐도 수업과는 상관없이 구성지고 재미난 이야기를 많이 해 주셨던 선생님들이 기억에 남는다. 몸도 마음도 영글지 않았던 시절, 우리를 다독이는 가르침을 주셨던 이런 고마우신 분들이 계시지 않았다면 우린 어쩔 뻔 했을까? 이 분들이 교과서 진도만을 따라가는데만 급급했다면 지금의 우리는 아마도 메마른 가슴으로 세상을 헤쳐 가는 고된 수고를 면치 못했을 것이다.

그러니 우리 사범들 역시 기술 전수에만 급급할 것이 아니라 없는 틈도 내고, 없는 짬도 만들어서 수련생들의 인생에 도움이 되고 등불이 될 만한 '말'들을 그 가슴에 담아 주어야 할 것이다. 훗날 '우리 사범님의 가르침이 내 인생을 풍요롭게 만들어준 밑거름이 되었다.'는 평을 듣게 된다면 이 얼마나 보람있는 일이겠는가?

기분 좋은 말을 많이 듣고 산다면 그 만큼 삶이 풍요로워 질 것이고, 가슴 따듯한 말을 많이 내고 산다면 주위 사람들이 다 같이 행복해 질 것이다. 그러니 내 입에서 나오는 말 만큼은 맑게, 귀하게 골라 쓰려는 노력을 해 봐야겠다.

13. 사람을 치유하는 말 The Word Curing People

L.A 미친 놈

우리 도장 청년들과 순회시범 겸 캘리포니아, 애리조나, 유타 그리고 네바다를 가로 지르는 여행을 다녀온 적이 있다.

즐거웠던 여행의 마지막 날, LA에서 버스를 타고 영화 속에서 보았던 거리들을 지나며 흥에 겨워 있을 때였다. 한 정류장에서 건장한 사내 하나가 버스에 오르면서 마구 고함을 치고 욕설을 날리며 사람들을 당장에 물어뜯기라도 할 듯이 위협했다. '저 놈이 미쳤나? 마약을 했나?'

사내가 거칠게 사람들을 헤치며 뒷좌석을 향해 걸어들어오자 겁에 질린 승객들이 우르르 버스 앞 쪽으로 몰려가 버리고 우리만 버스 뒷칸에 남았다. 그런데 하필 그 사내는 우리 도장 청년들이 몰려 앉아 있는 맨 뒷좌석 한복판에 털썩 끼어 앉는 것이 아닌가? 다들 창가로 바싹 피해 앉은 채 곁눈질로 나만 쳐다보았다.

혹시 모를 위급상황에 황급히 작전을 세워보려 했지만 '미친놈에 대한 호신술'은 어찌해야 할지 감이 서질 않았다. 할 수 없이 만약의 사태가 발생하면 내가 먼저 치고 들어가야겠다는 작전을 세웠다. 문제를 일으키긴 싫지만 내가 인솔한 학생들은 지켜야하지 않겠는가?

그 사내는 자리에 앉아서도 계속 "부시 대통령이 FBI를 시켜 나를 납치 해다가 고문을 하고 내 귀에 도청기를 심었다! 우주에서 메시지가 들려온다! 세상 다 망해라! 뭘 봐? 다 죽여 버리겠다!" 그러면서 가방이며 주머니 속의 잡동사니들을 꺼내 사람들을 향해 마구 던지며 행패를 부리는데 아무도 못 말렸다.

그러던 중 사내의 주머니에서 동전하나가 떨어져 굴러가다 멈추자 돌발 상황이 발생했다. 바로 내 아내였다. 자리에서 벌떡 일어나 동전을 주워들더니 그 사내에게로 뚜벅뚜벅 걸어가 얼굴 바로 앞에다 대고 손뼉을 크게 "짝짝!"하고 치는 것이 아닌가? 버스 안의 승객들이며 그 미친 놈까지 눈이 휘둥그레졌다.

"아저씨, 여기 동전 떨어뜨렸어요!" 그리곤 "그만 소리 질러요. 그러면 아무도 못 알아듣잖아요." 예상치 못한 아내의 행동에 말문이 막힌 것은 나뿐 아니라 미친놈도 마찬가지였다. "어디서 왔어요? 이름은 뭐고? 누가 고문을 했다고요?" 한순간에 버스 안이 조용해졌다.

선기가 제 앉은 키 밖에 안 되는 작은 동양여자 하나가 갑자기 나타나 겁도 없이 이것저것을 계속 물어대니 황당한 기색이 역력했다. 그건 나도 마찬가지였다. '이게 무슨 상황인가? 말려야 하나 말아야 하나?'

눈을 치켜뜨고 노려보던 사내가 아내의 호기심에 찬 질문공세가 계속 이어지자 마지못해 하나씩 대답하기 시작하더니 점차 조련사 앞에 기가 꺾인 사자처럼 양순해지기 시작했다. 잦잦시뻘겋게 달아오른 쇠붙이에 물을 끼얹은 것처럼 "푸쉬쉭~!" 김이 빠지자 언성이 낮아지고 험상궂던 얼굴은 점점 말쑥한 청년으로 변해버리는 것이 아닌가? 험상궂던 사람 얼굴이 그렇게 빨리 변할 수도 있다는 것을 그 때 처음 알았다.

아내와 나누는 대화가 두서가 좀 없긴 했지만 질문할 때마다 나오는 대답이 워낙에 튀어 나름 듣는 재미가 있었다. 분위기가 점차 부드러워지자 나중엔 슬그머니 우리도장 청년들까지 하나씩 돌아앉아 대화에 끼어들었다. 그렇게 차츰 두서를 찾아가는 대화 속에서 웃음꽃까지 피자 버스 운전사와 승객들이 놀란 토끼눈으로 거울을 통해 급반전한 상황을 훔쳐보고 있었다.

흥미진진한 대화를 나누다가 우리가 내려야 할 곳에 도착하자 "너희들은 다른 사람들과 다르다. 들을 귀가 있다. 좋은 사람들이다. 여행 잘하라."며 젊잖게 악수까지 해주었다.

앞 칸은 꽉 끼어 선 승객들로 만원이고 텅 빈 뒤 칸은 두 다리를 쭉 뻗고 기대 앉은 사내 혼자 차지한 비대칭적인 인구분포의 버스가 떠나자 우리 여학생 하나가 갑작스레 자지러지게 웃었다. 처음엔 그 사내가 너무 무서워 숨도 못 쉬었는데 갑작스런 아내의 당돌한 행동에 까무러치는 줄 알았다고. 속으로 'Oh, No, please!'만 연신 외쳤다고 했다.

아내는 이런 일에 늘 태연하다. 난 상황이 급박하게 돌아가면 지레 주먹 쓸 생각부터 하는데 아내는 늘 말로 풀어간다. 지금 생각해 보면 아내는 미쳐 날뛰는 녀석의 그 말을 진심으로 들어줄 마음을 내었던 것 같다. 무엇 때문인지는 몰라도 가슴 속에 불이 붙어 펄펄 날뛰던 녀석의 말을 진심으로 들어주니 펄펄 끓던 솥 밑의 숯불을 치워버리고 그 위에 찬물을 부어 식혀 버리듯 화기(火氣)가 빠져 차분해졌던 것 같다.

힘이 되어 주는 말

신나게 수업을 마치자 기분이 좋았던지 깜찍한 다섯 살 계집아이 페이튼이 쪼르륵 다가와 나를 한껏 안아 주며 말했다. "Master Lee! Today is best day of my life! (사범님, 오늘은 제 생애 최고의 날이에요!)" 그리곤 깡총 깡총 뛰어갔다. 노인네 같은 표현에 한참을 웃었다. 어쨌든 그 말 한마디에 지쳤던 몸에 기운이 돌았다. 이 아이처럼 힘이 되는 말을 항상 수련생들에게 해주고는 싶은데 그러질 못해 늘 아쉽기만 하다.

사범으로 살다보면 숱한 사람들을 만난다. 때론 같이 웃고 때론 같이 울면서 산다. 그러다보니 사범의 역할은 단순히 기법을 전수하는 일로 끝나지 않는다. 많은 경우 상담가의 일도 겸하게 된다.

왕따 문제나 공부하기 싫다는 아이들을 상담하는 것은 그나마 쉬운 축에 속한다. 직장을 잃어 경제적인 어려움에 봉착한 사람, 심한 우울증으로 삶의 의욕을 잃은 사람, 가족 중에 시한부 삶을 선고 받은 사람에 이르기까지 무엇하나 딱 부러지는 답을 주기 어려운 문제들이다.

내가 할 수 있는 일이라봐야 속 답답한 이야기를 들어 주고 다독이는 말 몇마디 해 주는 것이 전부다. 내 입에서 나온 한 마디 말이 위로가 되고 힘이 되어 수련생들에게 티끌만한 도움이라도 끼쳐지길 바래 볼 랄뿐이다.

그렇런데 그것만으로도 마음에서 짐이 덜어지는지 조금 편안해 하다가 어느 숯순간엔가는 문제가 잘 해결되었다고 고맙다고 한다. 정작 난 아무것도 해 준 일이 없는데 말이다. 이렇게 수련생들과 속 깊은 말을 주고받다보면 나도 익어가고 그들도 익어가는 것을 느끼곤 한다.

말이란 육체를 뚫고 들어가 마음 속 깊은 곳의 막힌 기운까지 뚫어 줄 수 있는 힘을 지니고 있다. 그래서 한 마디 다독이는 말로 희망을 주고나면 죽고 싶던 사람도 살려 낼 수 있다. 그러니 사범으로서 내는 말 한마디 한 마디는 늘 좋은 말로 가려하려 노력해야 한다고 믿는다.

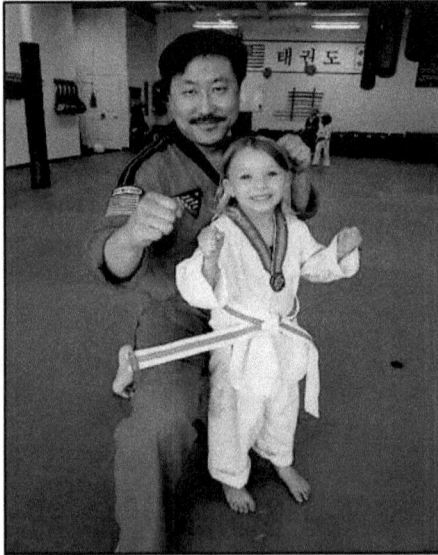

14. 단(段)과 무예의 경지 The Levels of Degree and Martial Arts

목계지덕(木鷄之德)

목계란 나무로 만든 닭이란 뜻이다. 이는 장자 '달생(達生)'편에 나오는 이야기로 내용은 대충 다음과 같다.

투계(鬪鷄)를 좋아하던 어느 왕이 조련사에게 좋은 닭 한 마리를 내주며 최고의 싸움닭으로 만들어 달라고 부탁을 했다. 열흘이 지나 왕이 닭이 싸울 준비가 되었는가를 묻자 조련사가 대답했다. "상대를 보기만 하면 무작정 죽이자고 달려듭니다. 용맹하긴 하나 상대를 모른 채 달려들고 제가 최고인 줄 아니 교만할 뿐 아직 멀었습니다."라고 했다.

열흘이 지나 왕이 또 묻자 "상대를 보고 무작정 달려들지 않으니 상대를 얕잡아 보는 교만은 버렸으나 아직도 조급하여 소리와 그림자에 쉽게 반응하고 쉽게 싸움에 걸려듭니다."

열흘이 지나 왕이 또 묻자 조련사가 대답을 했다. "교만함도, 조급함도 버려 차분하고 기회를 노려 공격할 줄은 알지만 아직도 상대를 질시하는 공격적인 태도는 버리지 못했습니다."

그만하면 된 것 같은데 자꾸 아니라고 하는 말에 지친 왕이 열흘이 지나 마지막으로 물었다. "이제는 어떤가?"

그제야 조련사는 기쁘게 대답했다. "상대가 아무리 소리치고 달려들어도 조는 듯 꾸뻑거릴 뿐 아무 반응이 없습니다!" "뭐라? 병든 닭 같이 졸기만 한다고?" 조련사의 대답은 의외였다. "마음의 평정을 찾아 상대를 보아도 대들지 않고 그림자와 소리에 놀라 날뛰지도 않습니다. 아무 감정도 없는 나무토막처럼 보이지만 눈을 떠 상대를 쳐다보기만 해도 그 형형(熒熒)한 안광에 어떤 닭이라도 도망치고 말 것입니다."

안으로 갖춘 내공이 대단해 눈빛만으로도 상대를 제압해 버릴 수준에 이르렀다는 것이다. 싸우지 않고도 이긴다는 것은 병법에서도 최고로 치는 경지가 아니던가? 흔히 자신의 힘을 드러내지 않고도 범접할 수 없는 카리스마로 상대를 제압하는 사람을 일컬어 목계지덕을 가졌다고 한다. 이 목계지덕의 고사를 기준으로 본다면 **'하수는 강해야 하며, 중수는 부드러워야 하고 상수는 표가 나지 않아야 한다.'**고 정리해 볼 수도 있을 것 같다.

무예의 경지를 구분하는 단(段)

무예를 익힌 사람의 경지를 말할 때 우리는 그 기술의 숙달 정도와 응용력 그리고 파괴력의 정도에 따라서 크게 하수(下手), 중수(中手), 그리고 상수(上手)로 나누어 부른다.

물론 그 단계 안에서도 사람에 따라 그 수준이 다를 터이니 각 단계를 다시 상, 중, 하로 3등분해 본다면 총 아홉 단계로도 나누어 볼 수 있을 것이다. 그래서인지는 모르겠지만 승단체계를 가진 문파마다 보통 유단자를 1단부터 9단까지 아홉 단계로 나누고 있다. 그렇다면 단을 기준으로 하수와 중수 그리고 상수를 나누어 생각해 본다면 어떻게 될까?

태권도를 기준으로 생각해 본다면 1단에서 3단 정도는 하수의 단계로 보고 4, 5, 6단 정도라면 중수(中手)에 해당하지 않을까 싶다. 그러니 한 생을 다 받쳐야 이를 수 있는 7단 이상 8, 9단이라면 상수로 불러도 무방할 듯싶다.

다시 말해 하수의 경지란 무예의 기본을 갖추고 초보적인 기술을 다지는 과정을 말하고, 중수는 오랜 기간 그 무예를 수련해 숙달의 정도가 상당한 경지에 이른 경우이고, 상수라면 무예의 진수를 파악하여 몸과 정신에 익혀 무예와 삶이 둘로 나누어지지 않는 경지를 이른다 할 것이다.

하수(下手) - 강함, 몸의 단계

하수란 수가 낮고 기술이 다듬어지지 않아 거칠기만 한 사람을 이른다. 기법으로 보자면 직선으로 지르고 차는 빠르고 강맹한 기술에 능하다. 우아하고 기품 있는 실력을 갖추진 못했지만 칼이 부러져 나가고 창이 꺾여 나가는 전장(戰場)에선 이 하수들의 몫이 가장 크다. 대규모의 인원들이 부딪혀 싸우는 난장판에선 떨어지는 낙엽을 가르는 예리함보다 장작을 패는 도끼의 우지함이 더 요긴하기 때문이다.

군대를 통솔하는 장수에도 상장군(上將軍)이 있고 중장군(中將軍), 하장군(下將軍)이 있다. 이 때 하장은 용장(勇將)이어야 한다. 필드에서 직접 전투를 지휘하고 적군과 충돌해 진격해야 하니 두려움 없이 강맹하며 싸우되 물러섬이 없어야 한다. 이처럼 하수는 육체적 강인함에 기인하여 싸울 수밖에 없는 단계이므로 아직 몸의 단계에 머물러 있다고 할 수 있다.

중수(中手) - 부드러움, 정신의 단계

오랜 기간의 수련을 거쳐 상당한 숙달의 경지에 이른 사람을 우린 중수(中手)라 한다. 기법에서도 상대의 공격을 힘으로 막아내기보단 비껴 내거나 밀어내어 공격의 예봉(銳鋒)을 틀어낼 줄 안다. 따라서 그 기법에서도 직선보다 곡선이 많이 쓰이게 마련이다.

타격의 강도를 조절할 줄 알아 살(殺)이 될 만한 중(重)한 타격이나 상대를 쓰러뜨리되 치명상은 피하는 중(中)의 타격, 혹은 경미한 부상만으로 상대를 제압하는 경(輕)의 타격으로 필요에 따라 힘을 운용해 쓸 줄도 안다.

많은 지식을 갖추어 정신이 깨어 있고 감정의 기복에 쉽게 흔들리지 않는 지략 또한 갖추고 있어 어떤 상황에도 유연하게 대처 할 줄 아는 단계다. 즉, 몸을 지나 정신의 단계에 이른 경우다.

장수로 치자면 중장(中將)에 해당하니 적절히 병법을 운용하여 내 힘은 아껴가며 상대의 허점을 찌르며 병력의 손실은 최소화하면서도 최대의 전과(戰果)를 올릴 줄 아는 지장(智將)이다.

현장에서 수련생들을 지도하는 사범이라면 적어도 이 중수의 경지에 들려 노력해야 하지 않을까 싶다. 부드럽되 꺾이지 않는 강인함에 지식까지 갖춘 문무를 겸비한 지도자 말이다.

상수(上手) – 드러나지 않음, 마음의 단계

은사님께 여쭈었던 적이 있다. "아무리 생각해 봐도 힘세서 이기면 상수(上手) 아닙니까?" 짧은 대답이 돌아왔다. "힘이야 소가 세지……"

상수란 무예에서 최고의 경지를 말한다. 몸과 정신의 단계를 지나 비로소 마음에 이른 경지라 할 수 있다. 이 단계가 되면 직접 수련생들을 가르치기보다 지도자급 인사들을 모아 이끄는 역할을 한다. 장수로 치자면 대장군(大將軍)에 해당한다.

하장은 용장이어야 하고 중장이 지장이어야 한다면 대장(大將)은 덕장(德將)이어야 한다. 상수는 힘으로서 무리를 이끄는 사람이 아니라 마음으로 이끄는 지도자다.

상수란 목계지덕의 마지막 단계와 같이 무인으로서의 거친 형상을 품지 않으면서도 안으로는 깊은 내공을 갖추어 함부로 대할 수 없는 카리스마를 지니고 있는 이다. 말과 행동이 태산과 같이 굳건하며 마음이 평온하여 어떤 일에도 요동치 않는다.

상대를 대하되 위협하거나 질시하지 않고 존중 하니 상대를 노엽게 하지 않고 덕으로서 품어 안는다. 성품이 물같이 부드럽고 바람같이 유연하니 함부로 싸움을 걸려 한들 걸 수 조차 없다. 부드러움으로 강함을 이겨내는 '유약승강강(柔弱勝强剛)'의 덕을 지닌 이다. 삶과 무예가 둘로 나누어지지 않는 마음의 경지를 개척한 이다. 이런 풍모를 가진 이야말로 우리가 따르길 원하는 상수일 것이다.

실천수련

우리가 가진 단은 우리가 얼마나 노력하며 살아왔는가를 보여주는 일종의 성적표이기도 하다. 허나 단순히 단증에 표기된 숫자의 높음에 만족할 것이 아니라 당연히 함께 갖추었어야 할 지(智)와 덕(德)은 갖추고 있는지도 돌아보아야 한다.

도복을 입고 살아온 세월이 길고, 단수가 높다고 해서 실력도 마냥 높아만 지는 것도 아니다. 연륜이 깊어지는 만큼 몸도 따라서 쇠하기 때문이다. 그러니 흘러가는 강물에 역류하여 헤엄치듯 세월에 떠밀려가지 않으려 부단히 노력하며 자신을 닦아가야 한다.

싸우기 전에 이긴다

처음 도장을 열자 다른 무술 유단자들이며 사범들에 터 프하다는 동네 건달들까지 막무가내로 도장에 밀고 들어와 실력 좀 보자고 하거나 한 판 붙어보자고 대들기도 했다. 처음엔 아찔했지만 몇 년이 지나고 나니 이런 이들의 발길이 끊어졌다. 아무도 나를 넘어서지 못했다는 소문이 돌았기 때문이다.

15년 가까이 터를 닦아둔 타운을 떠나 차로 이틀을 달려가야 도달하는 먼 타주로 이사를 했다. 새로 도장을 열면서 또 한 번 거쳐야 할 텃새를 일찌감치 예상하고 있었다.

그러던 어느날 수업 중에 보니 다부지게 생긴 사내가 뒤에 와서 팔짱을 끼고 앉아 있었다. 당연히 수련생 가족 중 하나 일거라 생각을 했는데 수업이 끝나고도 남아있었다. 어떻게 오셨냐고 묻자 인상을 팍 쓰며 "네가 하는 이런 건 다 Bullshit이다. 무술은 하나같이 다 Bullshit이고 너도 똑같다. 이 딴 가짜 짓꺼리를 끝내주려 왔다"며 내 얼굴에 대고 욕설부터 날렸다. "난 전문 스트리트 파이터다. 네 까짓것 한 방이면 끝나니 당장 붙자!"는 것이다.

한 두번 당하는 일은 아니었지만 이렇게 노골적으로 시비를 거는 녀석은 드물었다. 당장이라도 내 머리통에 주먹을 날리고 싶어 못 견디겠다는 표정인데 딱 달라붙은 목에 굵직굵직한 팔다리 그리고 자만심에 넘쳐 이글거리는 눈빛으로 봐서 만만한 놈은 아니었다. 경험상 이런 녀석은 좋게 말로 해서 물러난 놈도 아닌데다가 그냥 보내면 기고 만장해서 나중에 더 큰 행패를 부리러 온다. 어떻게든 꺾어야 했다.

도대체 뭐가 문제고 왜 싸우자는 건지 얘기나 들어나 보자며 자리를 권해 앉혔다. 뭐 하는 사람이냐고 물으니 자기는 프로 파이터란다. 자기들 끼리 돈 걸고 스트리트 파이팅을 하는데 이기면 한 번에 $100씩을 받는단다. 16온즈 글러브를 끼고 한 쪽이 항복할 때까지 팬다고 했다.

속에서 불길이 치밀어 올랐지만 애써 참으며 점잖게 물었다. "넌 네가 프로 라고 생각하냐?" 당연히 프로란다. "그럼 너 나에 대해 뭐 좀 알아 보고 왔냐?" 그랬더니 그 딴 건 관심없으니 말 돌리지 말고 지금 붙을 꺼냐 말꺼냐 결정하라며 눈을 치켜뜨고 목소리를 높였다. 치밀어 오르는 속을 꾹 누르며 한 마디 더 물었다. "너 스트리트 파이팅 재미로 하지?" 그렇단다.

벌떡 일어나서 책상에 수직으로 주먹을 내리 꽂았다. 하필 주먹을 내리 꽂은 자리에 키보드가 놓여 있었다. "꽝!" 책상 부서지는 소리와 함께 키보드가 산산조각 나며 팝콘 터지듯 사방으로 튀었다. 녀석도 얼굴에 파편을 한 웅큼 뒤집어 썼다. 깜짝 놀라며 움찔 뒤로 물러 앉았다. 갑자기 돌변한 내 태도에 눈이 동그래졌다. "야! 난 싸울 때 재미로 안 싸워!" 벼락 같이 소리를 질렀다.

깨진 키 보드 조각에 찍혀 피가 나는 주먹을 머리통을 향해 내리꽂을 듯이 치켜들고 말했다. "난 싸울 때 재미 따위로 안 싸워! 죽기위해 싸우지! 나하고 싸울 생각을 했다면 죽든 살든 둘 중 하나를 선택할 각오를 하고 왔어야지 재미 따위로 싸우는 놈이 감히 나한테 도전을 해?" 지나다 들여다 보니 아이들이나 가르치고 있으니 만만해 보였을 테고 나를 패면서 재미도 좀 보고 소문도 내고 싶었을 것이다. "진짜 싸움이 뭔지도 모르는 놈이 감히, 난 싸울 때 글러브 따윈 안 껴! 넌 니가 터프하다고 생각하지? 너 오늘 사람 잘못 골랐어! 세상 넓은 줄 모르고 시비를 걸고 다녀?" 미쳐 날뛰는 내 기운에 질려 아차 하는 표정이었다.

안되겠다 싶었는지 일어서 나가려 하길래 "어딜 나가? 다시 앉아!" 소리를 버럭 질렀더니 어찌해야 하나 주저하다 다시 앉았다. "넌 네가 프로라고 생각하지? 야! 진짜 프로는 $100 받고 안 싸워! 그게 파스값밖에 더 되냐? 그리고 넌 메사추세스주 법은 알고 까부냐?"고 했더니 그게 뭐냔다. 복싱이나 MMA 격투 파이팅을 하려면 신체종합검진과 더불어 두부 CT촬영으로 뇌손상이 없다는 증명서류를 첨부해서 선수등록을 해야한다. 게다가 돈 받고 경기를 하려면 주 정부 스포츠경기위원회에 경기등록을 해야 하고 주법에 따라 증명서가 발급된 코치, 레퍼리, 닥터의 주관하에 경기가 진행되야 하며 매 경기마다 돈내고 허가맡고 해야 한다. 타격도 주 정부의 스포츠경기위원회에서 허용한 타격 외엔 사용할 수 없다.

뭐가 불법인지 합법인지도 모르고 싸우면서 프로라고 하냐 그랬더니 동네 경찰들도 돈내고 와서 본단다. 한 마디 더 해줬다. "경찰이 법이냐? 그 놈들은 돈 몇푼 너희에게 던져주고 짐승처럼 싸움하는 것을 보면서 즐기는 것 뿐이다. 그런 광대노릇을 하면서 싸울 상대가 어떤 실력을 갖췄는지 사전 조사도 않고 전략도 안 세우고 와서 무작정 시비를 걸어? 너 같은 놈을 바로 아마튜어라고 하는 거다!" 그리곤 계속 몰아부쳤다. 너 같은 터프가이들 나한테 한 둘 박살난게 아니다. 내가 웬만해선 이렇게 성질 안 내는데 네 놈이 첫마디부터 욕설로 시비를 거는 꼴이며 무식하고 불량한 태도 때문에 그렇다. 내가 애써 참아서 그렇지 아니면 넌 벌써 박살났다! 기세등등하던 그 떡대가 갑자기 교장실에 불려와 혼나고 있는 학생처럼 쪼그라 들었다.

스트리트 파이팅이 네 직업이냐고 물으니 아니란다. 다른 직업이 있고 그건 재미로 한단다. "그렇지? 난 이게 직업이고 삶의 전부다. 난 여기에 내 인생 전부를 걸고 온 몸 뼈 마디마디를 부셔가며 여기까지 왔다. 그런데 너 같이 레벨도 안 되는 아마튜어 따위가 도전을 하다니!"

"만약에라도 내가 너하고 붙어 지면 창피해서라도 도장문 닫아야 한다. 너한테 이겨도 동네 건달과 어울려 주먹질이나 하는 놈을 누가 믿고 자녀들을 맡기겠나? 이래 저래 너와 붙는 순간 내 명성에 금이 가 도장을 접고 인생이 망가질지도 모른다. 그런데 내가 주먹질 몇 번 툭탁거리고 널 보내줄 것 같냐?"

흔히 병법에선 내 살을 내 주고 상대의 뼈를 부수며, 내 뼈를 내 주고 상대의 숨통을 끊으라고 가르친다. 하지만 난 그 이상이다. 난 일단 싸움이 붙으면 살 생각따위는 일찌감치 버리고 죽을 각오로만 싸우는 사람이다. 이기려고 싸우는 것도 아니고 살려고 싸우는 것도 아니다. 그저 죽으려고 싸운다. 재미로 싸우는 놈은 살려고 싸우는 놈을 이기지 못하고 살려고 싸우는 놈은 죽으려고 싸우는 놈을 이기지 못한다.

"난 일단 붙게되면 네 놈을 살려둘 의사가 전혀 없다. 난 너와 함께 죽을 것이다. 그러니 죽을 각오가 되어 있으면 덤벼봐라!" 상황이 제 생각과 다르게 번져가자 무서웠는지 자기는 그냥 재미로만 싸울 뿐 목숨까지 걸 생각은 없다, 잘 알아들었다며 도망치듯 돌아서 나갔다.

녀석이 가고 사방에 널린 부서진 키보드 조각들을 주워 담는데 피가 흐르는 손이 보였다. 한심했다. '아~, 아직도 난 한참 멀었구나......'

난 싸움이 싫다. 젊어서 거리에서 마구잡이로 건달들과 붙어 싸우던 시절엔 잃을 것도 없었다. 피투성이가 되어도 이기기만 하면 어린 치기에 자랑스럽기도 했었다. 그 때는 참으로 단순 무식했었다. 하지만 지금은 얻을 것보다 잃을 것이 너무 많다. 그리고 싸울 때 이성을 잃고 내가 아닌 완전히 다른 사람이 되어버리는 것도 싫다. 그래서 목숨을 걸만한 가치가 있지 않는 이상 싸움은 마지막까지 피하고 싶다. Young and wild였던 그 시간들을 지나 이제는 Old and wise로 건너가고 싶은 것이 지금의 내 소망이다.

프로와 아마튜어의 차이

비록 유명 프로선수들처럼 큰 돈과 명성은 없지만 나 역시 오랜 시간을 투자해 얻은 전문기술과 지식을 바탕으로 내 일에 혼신을 다 해 살아가는 사람이다. 그렇기에 난 스스로를 프로라 자부한다. 고작 이 정도지만 여기에 도달하기까지 많은 것들을 포기해가며 피땀 흘려본 경험도 있다.

이에 반해 아마추어는 어떤가? 자기가 좋아하는 것들을 시간을 쪼개가며 즐기긴 하지만 삶의 많은 부분을 포기까지 해 가며 그 길을 가기는 원치 않는 사람이다. 즐거움은 누리고 싶지만 고난까진 원치 않는 정도랄까.

물론 프로로 살기위해 짊어져야 하는 고난에 지쳐 몇 번이고 이 짓을 그만두고 싶은 충동도 느꼈었지만 오늘도 여전히 난 이 길을 가고 있다. 왜 그럴까? 이제는 이 길이 하늘 내게 주신 길이라는 천직의식이 생겼기 때문이다. 그래서 가다 가다 힘들면 쓰러지는 곳이 내가 묻힐 자리라 생각하며 오늘도 이길을 간다. 그래야 진정한 프로라고 스스로 위안을 해 보면서 말이다.

이젠 도장에 쳐들어오는 녀석들과 몸으로 부딪혀가며 무력과시를 할 나이도 아니고 웬만하면 잘 다독거려 보내야 할 텐데 아직도 수양이

부족하다 싶어 아쉽기만 하다.

싸우기 전에 이기는 것이 가장 높은 수의 병법이고 이것이 태권도를 익히는 첫 번째 이유이고 목적이다. 일단 싸움으로 뒤엉키게 되면 승패를 떠나 나도 피해를 입는다. 하지만 싸우기 전에 이기면 불필요한 힘을 낭비할 일도 없고 말이 통한다 싶으면 적도 친구로 만들 수 있다.

그런데 난 아직 그럴 실력이 못 되니 답답할 밖에. 다음은 도덕경의 한 구절이다. 언젠가는 이 구절처럼 넉넉한 미소만으로 능히 사람을 품어 안을 만한 그릇이 될 날을 기대해 보며 옮겨본다.

"훌륭한 무사는 무술 실력을 뽐내지 않고 싸움을 잘하는 자는 성내지 않으며 적을 가장 잘 이기는 자는 적과 마주치지 않고 사람을 가장 잘 쓰는 자는 그들 앞에서 몸을 낮춘다. 이것을 다투지 않는 덕이라 하고 이것을 남의 힘을 이용하는 것이라 하며 이것을 하늘과 짝하는 옛날의 지극한 도라고 한다." - 도덕경 제 68 장-

병졸(兵卒)공부, 장수(將帥)공부

군대는 직위와 계급 그리고 그에 따른 책임과 임무가 복잡한 구조로 이루어져 있다. 그런데 이 군대를 크게 둘로 나누어 보면 명령을 내리는 장수(將帥)와 그 명령을 따르는 병졸(兵卒)로 구분해 볼 수 있다.

그렇다면 현대에서 무예 사범이란 어떤 위치일까? 자기를 따르는 수련생들에게 무예를 가르치며 이끄는 입장에서 보면 병졸보단 장수에 조금 더 가까운 위치가 아닐까싶다.

그러나 무예만 출중하다고 해서 장수가 될 수는 없다. 유능한 병졸은 그저 칼 잘 쓰고, 활 잘 쏘는 등 자신에게 주어진 기예에만 능하면 그만이다. 하지만 장수라면 말 먹이는 일에서부터 병장기, 군량미 등의 군수품 조달이며 병사들의 사기와 직결되는 술, 담배에 이르는 자질구레한 부식조달 상황까지 구석구석 다 꿰뚫고 있어야 한다. 작전에 직접적인 영향을 끼치는 지형 파악과 날씨의 변화, 조석간만의 차는 물론 간접적인 영향을 미치는 심리전에 이르기까지 모든 것을 끼워 맞추어 운용할 수 있는 안목이 절대적으로 필요하다. 일대일로 부딪혀 싸우는 단병접전술(單兵接戰術)에서부터 수만의 병사들을 밀고 당기는 대규모 병법(兵法)까지, 그리고 이에 영향을 미치는 후방의 정치, 경제, 국제 역학 관계까지도 다 꿰고 있어야 한다.

111

한마디로 '상통천문 하달지리 중찰인사(上通天文 下達地理 中察人事)' 로 천문과 지리의 모든 이치를 통달하고 아군과 적군의 심리까지 꿰뚫어 알고 전법(戰法)을 펼쳐야 하는 자리이다. 그러니 장수의 공부는 하루아침에 이룰 수 없는 일이며 꾸준한 인내와 노력이 쌓일 때 마침내 하늘이 내리는 자리다.

그런데 평생 주먹질, 발길질과 더불어 창, 칼 휘두르는 백병전 수련에만 죽도록 매진하는 병졸 공부로는 시간이 흘러도 장수가 될 순 없을 것이다. 비록 시작은 병졸로 하였을 지라도 세월이 흐를수록 지략과 덕을 갖춘 장수(將帥)로 변모해 가야 순리에 맞는 일일 것이다.

그렇다면 장수가 되는 공부에는 어떤 것이 있을까? 장수란 우선 많은 인원을 이끌어야 하는 사람이다. 그러니 당연 인기(人氣)가 많고 인기가 좋아야 한다. 인기란 말 그대로 사람(人)의 기운(氣)을 말한다.

사람이란 돈, 지식, 정보, 기술, 힘 등 모든 에너지를 포용한 기운의 집합체이다. 따라서 인기를 많이 모으면 힘이 모이고 돈도 명예도 더불어 따라 온다. 인기가 많거나 좋으면 모든 일이 잘 풀린다. 큰일을 도모할 수 있다. 그러니 많은 사람들의 인기를 모을 수 있는 능력을 갖추는 것이 장수가 되는 으뜸 공부라 할 것이다. 그렇다면 인기는 어떻게 모이는가?

첫째, 인기는 특별한 재능을 갖출 때 모인다. 의사에게는 병자를 고치는 재능이 있어 많은 사람들이 찾아온다. 가수는 노래를 통해 심금을 울리기에 많은 사람들이 찾아온다. 사범도 마찬가지다. 무예라는 재능 때문에 건강이나 호신에 관심이 있는 사람들이 찾아온다. 이처럼 뛰어난 재능을 갖출수록 더 많은 인기가 몰려오게 된다.

둘째, 인기를 모으려면 맑고 신선한 기운을 갖춰야 한다. 연예인이든 프로구단 선수든 지금 인기가 한참 좋은 사람들을 떠 올려보자. 그들에게 어떤 기운이 느껴지는가? 기분 좋은 기운이 느껴진다. 이렇게 남들에게 좋은 기운을 나누어줄 수 있을 때 사람들은 그 주위로 스스로 모여든다. 신선하고 활기찬 에너지를 공급받을 수 있기 때문이다.

반대로 지금은 인기가 푹 꺼진 한물간 연예인이나 운동선수들을 보자. 신선한 맛을 느낄 수 없다. 자신의 유명세를 등에 업고 차린 사업들도 속속 망해간다. 스스로의 기운이 막히고 소진했기 때문에 하는 일도 잘 되는 것이 없다.

셋째, 인기를 모으려면 남들이 갖지 못한 색다른 콘텐츠를 갖추어야 한다. 내가 다녀 본 성공한 도장들을 보면 남다른 독특한 수련 프로그램을 가지고 있다. 대충 훔쳐보고 따라할 수 없는 무엇인가가 있다. 차별화된 콘텐츠다. 누구도 인터넷에서 공짜로 배울 수 있는 것 따위에 돈을 지불하려 하진 않는다. 인터넷을 통해서 얻을 수 없는 콘텐츠를 꺼내야 한다.

넷째, 내게 온 모든 사람들을 '수단'으로 대하지 말고 '목적'으로 대해야 한다. 사범의 일이란 사람을 만나고 대하는 일이다. 내게 온 사람들은 존중하고 성심으로 대해야 한다. 그럴 때 비로소 그들이 가져온 지식, 정보, 돈, 인맥 등 모든 에너지도 나눠 쓸 수 있게 된다.

다섯째, 현재 처한 자리가 명당이라 생각해야 한다. 지금 이 자리가 최상의 자리는 아닐지라도 감사히 여겨야 한다. 여기서부터 쌓아가야 한다. 자리탓만 하며 맨날 떠날 생각만 한다면 건강하게 성장할 수가 없다. 자주 옮겨심는 나무가 잘 자랄 수 없듯이 말이다. 이렇게 추수 후 떨어진 이삭을 줍는 마음으로 하나씩 인기를 모아가다보면 '조금씩 천천히 그러나 항상 앞으로' 가게 될 것이다.

15. 전투화 Combat Boots and Mindfulness

군 제대 후 태권도 사범, 관장님들이 모여 훈련하는 수련모임에 가입했었다. 모임장소가 대전이고 청주가 집이라 밤늦게 모여 하는 훈련이 끝나면 버스가 끊겨 할 수 없이 그 곳 관장님 댁에서 하룻밤을 신세지고 새벽 첫차로 돌아오곤 했다.

그러던 어느 날 자정이 넘어 잠자리를 몰래 빠져나와 밤새 걸어 집으로 돌아왔다. 다음 날 아침에야 내가 사라진 걸 아신 관장님께 무슨 일이냐며 전화가 걸려왔다. "생각할 것도 좀 있고 저를 돌아볼 겸 걸어 왔다"고 둘러댔다.

그런데 다음 주 모임에 갔더니, "이 사범이 흐트러진 자신을 다잡겠다며 밤새 40km를 걸어 집에 갔다!"며 칭찬이 대단했다. 깜짝 놀라 그게 아니라고 말했지만 그 날 분위기에 밀려 진실은 묻혀버리고 말았다. 그 묻혀버렸던 진실은 다음과 같다.

주머니에 달랑 차비만 들고 다니던 가난한 대학시절, 훈련을 하러 간 날 버스에서 내렸더니 시장기가 돌았다. 마침 정류장 가판대에 새우깡이 눈길을 끌었고 아무 생각 없이 새우깡 한 봉지를 사서 맛나게 먹었다. 늦은 밤 훈련을 마치고 기분 좋게 잠자리에 들었는데 갑자기 '아차!' 하며 섬뜩한 느낌이 들어 주머니를 뒤져보니, '아차!' 아까 사먹은 새우깡 덕에 버스비가 딱 100원이 모자랐다. 갑자기 소심한 내 성격이 발동했다.

새벽부터 주무시는 어른을 깨워 천원도 아니고 "100원만 주세요!" 하자니 한심해 보일 것 같고 그렇다고 고생하시며 새벽 첫차를 운행하시는 운전사 아저씨께 "100원만 깎아 주실래요?" 할 낯도 없었다. 때늦은 후회가 밀려왔지만 이미 늦었다. 한동안 뒤척이다가 마침내 결정을 내렸다. '그래, 까짓 거, 좀 걷지 뭐!' 그렇게 밤길을 나선 것이다.

밤새 마실 물도 없이 저려오는 다리를 두드리며 비포장도로를 걷다보니 발밑의 자갈 하나하나가 다 느껴졌고 밤이슬에 신발까지 젖자 발이 짓물러 아팠퍼왔다. 어둠 속으로 끝없이 뻗은 그 길이 인생의 축소판 같다고 느껴질 때쯤 문득 군대에서 신었던 전투화가 그리워졌다.

인생길을 걷다보면 때론 자갈밭도 만나고 진흙창도 건넌다. 타는 대지와 거친 바위산도 넘어야 하는데 맨발로는 반나절도 견딜 수 없다. 온 세상에 다 카펫을 깔 순 없지만 든든한 전투화 하나만 신으면 이런 길들을 얼마든지 견뎌 낼 수 있다. '아~, 그리운 전투화여!' 새우깡 한 봉지와 바꿔버린 고난의 밤을 겪고 얻은 교훈이 있다면 주위 사람들에게 전투화처럼 든든한 사람이 되어 험한 세상 다리가 돼 주자는 다짐이었다.

그 뒤로 25년이 지난 오늘도 난 전투화를 곁에 두고 산다. 삶이 만만치 않다고 느껴질 때, 지쳐 포기하고 싶다는 생각이 들 때면 전투화를 꺼내 끈을 조여 매고 먼지 나는 길을 하염없이 걷는다. 그렇게 하루 종일 걷다보면 땀에 절고 다리가 팍팍해지면서 복잡했던 머릿속은 차분해지고 삶이 맑게 투영돼 보이기 시작한다. 끝 모를 인생길이지만 오늘 걷는 이 길이 하늘이 내게 주신 길이라면 가는데까지 가보자 다짐한다. 그렇게 한 세상 미련 없이 살다가자 결심하고 나면 복잡하기만 했던 문제들이 그리 크게 걱정할 일은 아니구나 싶게 바뀌어 버린다. 그러고 나면 모든 일들도 순조롭게 풀려갔다.

내 신발장에 가지런히 놓여 오늘 걷는 내 길을 함께 걸어 주는 전투화. 그런 전투화는 내게 있어 젓더 없이 좋은 친구가 되어 주었다.

16. 탤런트 쇼 Talent Show

도장에서 존재감 없기로 유명한 세 녀석이 나를 찾아왔다. "저희 내일 모레 학교 탤런트 쇼에 나갈 거예요. 도와주세요." "뭐? 너희가?"

기아국 난민으로 국적세탁도 가능해 보일정도로 깡마른 케네디와 멀쑥히 키만 큰 저스틴, 덩치가 나보다 큰 데스티니 셋이 다 동갑내기 5학년이다. 용기는 가상했지만 사이즈도 엇박자인데다 이렇다 할 재능도 없고 게다가 내일 모레라니!

"이 녀석들아, 그걸 이제 말하면 어떡해? 오디션은 통과한 거야?" 사범님이 지도해 주실 거라고 하니 그냥 통과 시켜 주었단다. 평소 나를 잘 아는 학교 측의 배려였다. 할 수 없이 밤새 머리를 쥐어짜 계획을 세웠는데 다음 날 시켜보니 도저히 견적이 안 나왔다.

태권도 시범이라는 게 '신속정확, 일격일파!' 뭐 이런 맛이 있어야 하는데 '엉거주춤한, 희멀건한, 뭐가 뭔지 모를'이 이 팀을 서술하는 형용사들이었다. 게다가 몇 가지 시범조차 순서를 제대로 못 외워 불난 집 가재도구 나르듯 저희끼리 부딪히고 자빠지고 호들갑을 떨었다.

겉으로 말은 못했지만 '너희 무슨 못난이 삼총사냐? 어째 하나 같이 이러냐?' 한숨이 나왔다. 시간은 없고 선택할 수 있는 옵션도 없었다.

"할 수 없다. 작전변경! 컨셉을 바꾼다! 이제부터 너희 컨셉은 코믹액션이다! 무조건 뛰어 차고 날아가 자빠진다!" 짧은 훈련을 마치고 제발 훈련한 대로만 하라며 보냈다.

다음 날 아이들이 수업시간도 되기 전에 잔뜩 상기된 얼굴로 도장엘

왔다. 무슨 주접을 떨었을지 걱정부터 앞섰다. "연습한 건 잊지 않고 다 했냐?" 그런데 대답이 의외였다. "사범님, 저희 1등 했어요!" "뭐?"

사실 탤런트 쇼란 예쁘고 잘난 아이들이 화장까지 짙게 한 채 댄싱과 노래며 연주를 선보이는 '끼 있는 아이들의 무대'와 그들을 위해 박수나 치며 들러리 역할을 해야 하는 '끼 없는 친구'들로 이분된 불편한 진실이 공존하는 곳이다. 그런데 이 '끼'있는 친구들의 텃밭에 '끼'없는 친구들이 당돌하게 도전장을 내민 것이다.

촬영해 온 동영상을 보았다. 코믹한 배경음악에 맞춰 아이들이 평소답지 않게 억척스런 기합을 넣고 코믹액션을 펼치는데 일부러 그렇게 하래도 어려울 정도로 재밌었다. 관람하는 아이들의 웃음과 탄성, 박수가 끊이질 않았다. 투명인간처럼 교실에서 떠돌기만 하던 아이들이 무대 위에서 태권도 실력을 뽐내는데 다들 까르르 웃고 난리가 났다. 게다가 연습때와 달리 맡겨진 격파들도 잘 해냈다. 평소와 다르게 관객을 압도하는 기합을 질러가며 땅 짚고 재주를 넘어가며 송판을 격파했다.

마지막으로 케네디가 엎드린 저스틴의 등을 밟고 뛰어올라 그 짧은 다리로는 도저히 닿을 것 같지 않은 높이의 송판을 차고 착지를 했다. 물론 네 번의 실수 끝에 간신히 성공한 격파였지만 끝까지 포기하지 않는 투지에 친구들이 더 크게 박수를 쳐주었다.

쇼가 끝나자 친구들이 몰려와 '앞으론 너희한테 절대 까불지 않겠다!' '손 안 아프냐?' '부서진 송판에 싸인 좀 해 달라!'며 학교 다니면서 처음으로 화제의 중심에 서 보았단다. 아이들이 너무 사랑스러워 한껏 안아 주었다.

단 4분 30초 만에 끝난 쇼였지만 이를 통해 아이들은 왕따라는 인생의 벽을 당당히 깨어버렸다. 그리고 이 아이들은 내게 무언가를 멋지게 해내는 것보다 최선을 다하는 모습이 한층 더 아름다울 수 있다는 것을 깨닫게 해주었다. 5학년을 끝으로 초등학교의 마지막을 멋지게 마무리 했으니 중학생이 되어 학교로 돌아가면 이들은 더 이상 왕따가 아닌 당당한 또래 그룹의 일원으로 환영받을 것임이 틀림없다.

Master Jung Kyu Lee was born in South Korea. He majored in physics at Chung-buk National University in South Korea in 1997. He has been training, researching, and teaching martial arts for over 40 years and he was a Korean Army Special Forces Combat Instructor. He holds a Seventh-Degree Black Belt in Taekwondo.

In 2008, he contributed essays to a Taekwondo publication regarding his experiences as a Taekwondo master and he received feedback from many people that his essays invoked tears and laughter. Later on, the essays were published in a book under the title "The Journey of Master Lee (in Korean)". On top of that, he is currently working as a martial arts columnist for the famous martial art website (www.mookas.com). He has argued that Taekwondo can broaden its horizons only when the men of Taekwondo have a broader range of interests and learning. As part of an ongoing effort to combine Taekwondo with science, he has published a book titled "The Science of Tae Kwon Do" in 2012. He is still seeking for a way to enlightenment for people and their lives through Taekwondo and the martial arts.

www.ingramcontent.com/pod-product-compliance
Lightning Source LLC
Chambersburg PA
CBHW071556040426
42452CB00008B/1190